김수돈(金洙敦) 문학전집

꽃사람(花人)

김수돈(金洙敦) 문학전집
꽃사람(花人)

펴낸이 박재규
펴낸곳 경남대학교출판부
엮은이 한정호

초판 인쇄 2020년 07월 10일
초판 발행 2020년 07월 17일

출판등록 제1974-100001호

주소 경남 창원시 마산합포구 경남대학로7(월영동)
대표전화 055-249-2074 팩스 0505-999-2115
전자우편 ko10@kyungnam.ac.kr
홈페이지 www.kyungnam.ac.kr/press

ISBN 978-89-8421-532-0 03800 값 24,000원

김수돈(金洙敦) 문학전집

꽃사람(花人)

한정호 엮음

경남대학교출판부

화보

시집 『소연가』(1947) 표지

시집 『소연가』(1947) 속지

시집 『우수의 황제』(1953) 표지

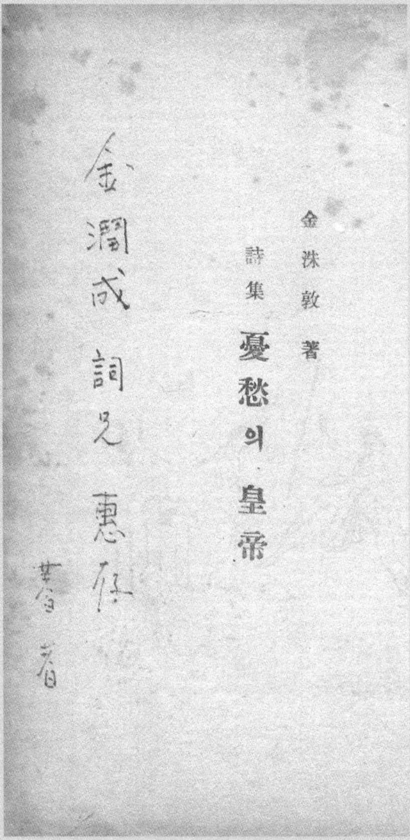

시집 『우수의 황제』(1953) 속지와 친필

詩集

憂愁의皇帝

檀紀 4289年1月20日 印刷

檀紀 4289年1月25日 發行

著者 金洙敦

發行者 權孝寬

印刷所 文陽印刷所

서울特別市龍山區厚岩洞

發行處 山海堂

登錄番號 (4283年10月20日 第340號)

시집 『우수의 황제』(1953) 판권

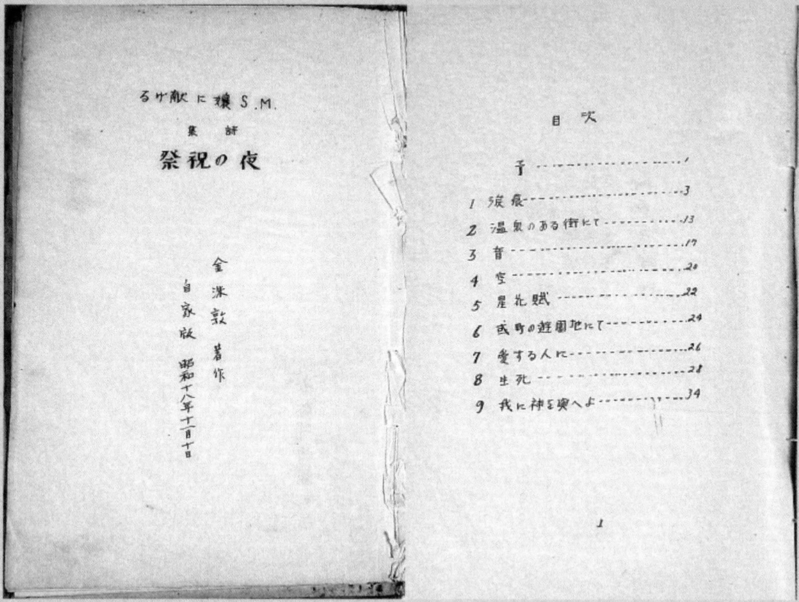

일문시집 『밤의축제』(1943) 목차

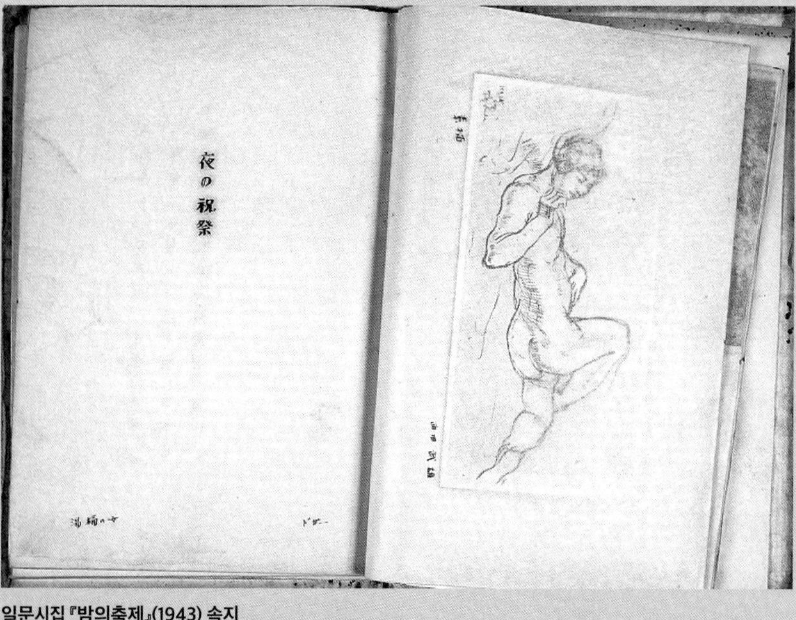

일문시집 『밤의축제』(1943) 속지

추천지 『문장』(1939) 표지

『낭만파』 3집(1946) 표지

『낭만파』 4집(1947) 표지

『낙타』 2집(1951) 표지

『시작』 창간호(1954) 표지

『마산문화연감』(1956) 표지

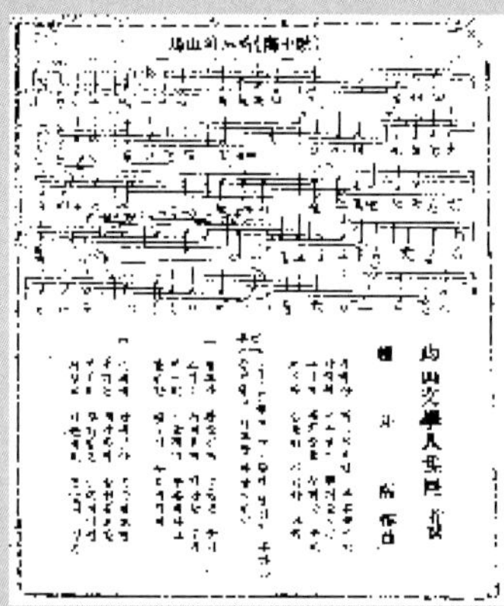

『마산의 노래』(1965) 악보

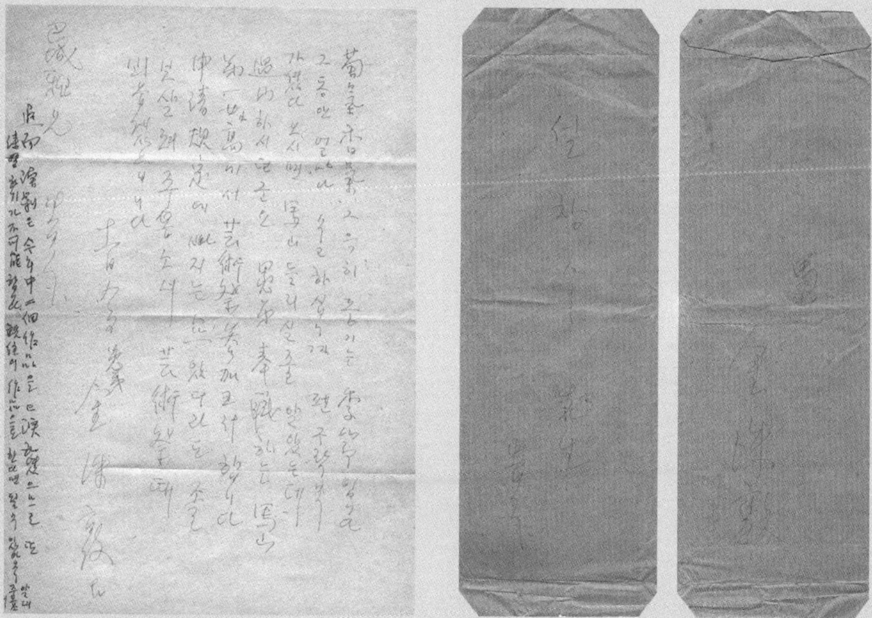

설창수 시인에게 보낸 편지

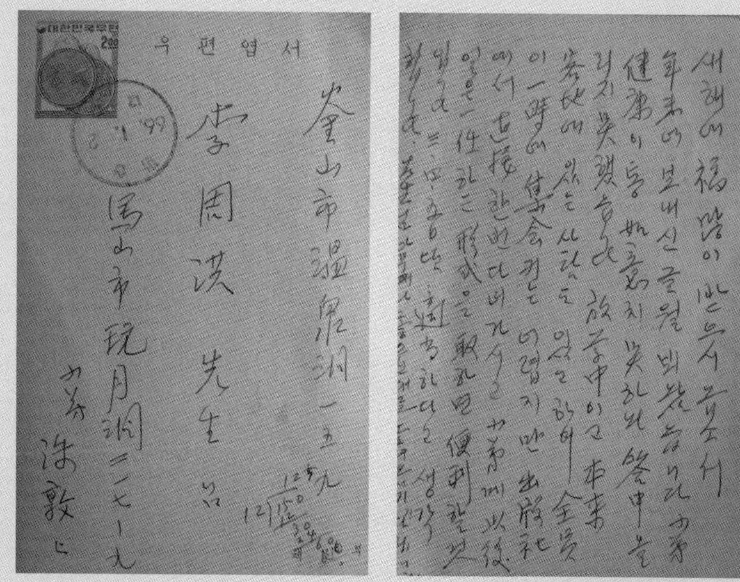

이주홍 소설가에게 보낸 엽서

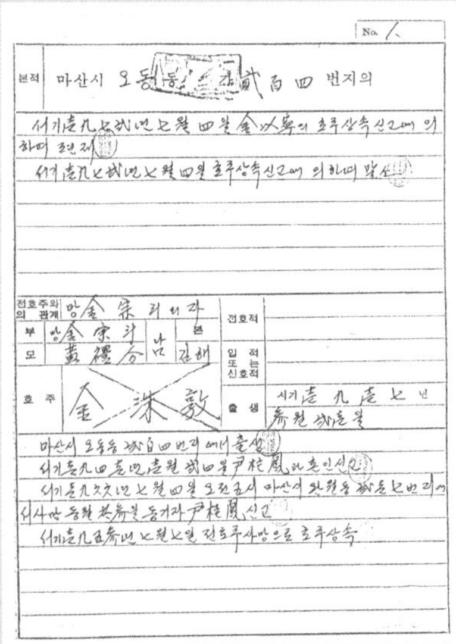

No. 1

본적 마산시 오동동 ... 貳百四 번지의

서기壹九七貳년 七월 四일 金以寧의 호주상속신고에 의하여 편제

서기壹九七貳년 七월 四일 호주상속신고에 의하여 말소

전호주와의 관계	망 金宗러의 자			전호적	
부	망 金宗러	남	본	입적 또는 신호적	
모	黃禮今		김해		
호주	金洙敦			출생	서기壹九壹七년 壽월 貳拾壹일

마산시 오동동 貳百四번지에서 출생

서기壹九四壹년 壹월 貳四일 尹桂鳳과 혼인신고

서기壹九六六년 七월 四일 오전五시 마산시 완월동 貳壹七번지에서 사망 동월 拾壽일 동거자 尹桂鳳 신고

서기壹九五壽년 七월 七일 전호주 사망으로 호주상속

호적등본

김수돈·문상욱 시화전

김수돈·김주석 시화전

영화 <삼천만의 꽃다발>(1951) 앞줄 다섯 번째가 김수돈

제2회 경상남도 문화상 시상식(1963)

예총 마산지부 창립결성식(1962)

[고독] 악보(김수돈 작사, 조두남 작곡)

[파초] 악보(김수돈 작사, 최인찬 작곡)

장례식 모습(1966)

묘소(완월동)

산호공원 [우수의 황제] 시비 제막식(1973)

산호공원 [우수의 황제] 시비

책머리에

하늘에서 가장 아름다운 것은 별이고, 땅에서 가장 아름다운 것은 꽃이며, 우리 인생에서 가장 아름다운 것은 사랑이라고 했던가. 이 말처럼 별과 꽃을 지극히 사랑하고, 술과 여자를 무척 좋아했던 시인이 있다. 그가 바로 화인(花人) 김수돈(金洙敦, 1917-1966)이 아닐까 한다.

김수돈은 1917년 3월 21일 경남 창원시 마산합포구 오동동 204번지에서 태어났다. 1931년 마산공립보통학교(현 성호초등학교)를 마치고, 일본으로 건너가 나고야(名古屋)중학교를 졸업, 1936년 귀국하여 마산창신학교에서 3년 동안 교편을 잡았다. 이후 그는 다시 도일하여 니혼(日本)대학교 고등사범부를 다녔으나 가난으로 중퇴했다.

김수돈은 1939년 정지용(鄭芝溶)의 추천으로『문장(文章)』에 작품들을 발표하면서 시인으로서 활동하게 되었다. 당시 그는 조지훈, 박목월, 박두진 등과 함께 문단에 이름을 올린 시인 가운데 한 사람이다. 하지만 그의 시적 재능은 왜로의 탄압으로 말미암아 우리문학이 암흑기로 접어들면서 빛을 잃게 되었다.

을유광복(1945. 8. 15) 직후 김수돈은 마산에서 '마산문화동맹'에 합류하여 지역의 문화운동을 전개했고, 조향·김춘수와 더불어 '낭만파(浪漫派)'동인으로 활동했으며, 1947년에 첫시집 『소연가(召燕歌)』를 냈다. 이처럼 광복기에 그는 경남여자중학교를 거쳐 동래중학교에서 교사로 재직하면서, 문화운동뿐 아니라 시와 연극에도 남다른 예술적 재능을 발휘했다.

한국전쟁(1950. 6. 25) 이후 그는 문총(文總) 중앙위원이 되었고, 문총 마산지부에서 낸 동인지 『낙타(駱駝)』에 참가했고, 번역에도 힘써 김춘수와 함께 릴케 시초 『동경(憧憬)』을 발간했으며, 1953년에 두 번째 시집 『우수(憂愁)의 황제(皇帝)』를 냈다. 또한 그는 마산창신고등학교·진해고등학교·마산제일여자고등학교에 재직하면서 학생 연극을 비롯하여 지역 연극의 저변을 넓히는 데 크게 이바지했다.

1960년대 들어 김수돈은 경남대학교 강사로 일하며 후학들을 가르쳤다. 아울러 그는 지역문학의 활성화에 기여한 공로로 제2회 경남문화상을 수상하였고, 1964년에는 문협 마산지부장을 역임하며 문학도시 마산의 명성을 드높이는 데 지대한 역할을 다했다. 하지만 그는 1966년 7월 4일 지병인 폐결핵과 신경통의 악화로 세상을 떠나, 완월폭포가 있는 두척산 자락에 묻혔다. 그에 관한 상세한 이력은 책 말미의 해적이를 참조해주길 바란다.

이렇듯 꽃의 시인 김수돈은 다른 시인들에 견주어 문학적 명성을 널리 떨치지는 못했다. 이른바 중앙문단에서 활동하지 않고, '우수(憂愁)의 황제(皇帝)'마냥 지역사회에 머물며 시인의 길을 걸었던 까닭이다. 특히 그는 경남대학교와 각별한 인연을 맺었던 시인일 뿐 아니라 경남문단, 특히 마산의 지역사회에서도 큰 영향력을 보여주었던 예술인으로 평가받고 있다. 그런 만큼 경남의 지역문단에서는 그의 이름을 모르는 이가 없을 정도로 문학적 인지도가 아주 높았다.

무엇보다도 김수돈은 시와 연극, 회화, 음악 등에 두루 타고난 재능을 지닌 예술가로서 우리 경남의 문화예술 전반에 크게 이바지하였다. 그런데도 오래도록 그의 삶과 문학을 조명하는 선집조차 나온 바 없어 너무나 안타깝다. 그나마 1973년 지역사회에서 문우들과 그의 제자들이 뜻을 모아 용마산공원에 세운 시비만이 유일하게 김수돈의 문학정신을 기리고 있을 뿐이다. 이에 글쓴이는 여러 자료들을 따로 찾고 챙겨 그의 삶과 문학적 행보를 갈무리하고자 했다.

김수돈은 아호 '화인(花人)'에서 보듯 남달리 꽃을 사랑한 시인이다. 그가 남겨놓은 숱한 작품 속에는 은은한 꽃향기가 감돌고 있다. 그런 연유로 문학전집의 제목을 '꽃사람'이라 붙였다. 『꽃사람 : 김수돈 문학전집』은 크게 다섯 매듭으로 엮어 그의 시와 산문을 한 다발로 묶어보았다.

1부에서는 시집 『소연가』(1947. 2)에 실린 시 26편을 수록했고, 2부에서는 시집 『우수의 황제』(1953. 2)에 실린 시 31편을 수록했다. 3부에서는 앞의 두 시집에 수록되지 않은 작품과 유고시를 모아 엮었다. 그리고 4부에서는 『마산일보』(1961. 2. 12 - 4. 12.)에 <화인장산화(花人莊散話)> 기획으로 연재했던 산문 29편을 수록했는데, 여기에는 대춘부(待春賦) 7편, 춘심초(春心抄) 8편, 낙수석금(落穗昔今) 14편이 해당된다. 5부에서는 그밖의 산문으로 수필, 동화, 후기, 단평, 평글 등을 챙겨 엮었다. 그동안 여러 연구와 비평들이 있기에, 이 전집에서는 엮은이의 해설을 따로 붙이지 않았다.

아무튼 김수돈의 삶은 풍부한 상상력과 문학정신으로 이어졌고, 그는 그것을 아름다운 작품으로 승화시키고 있다. 무엇보다도 그는 술과 꽃과 여인과 고향을 사랑한 탐미적인 낭만주의 시인이었다. 그는 모든 사물을 아름답게 보고 있으며 그대로 간직하고 싶었던 것이다. 하지만 그가 품었던 아름다움은 그대로 슬픔으로 되어버리는 것을 어쩔 수 없었다.

과연 김수돈은 그토록 사랑한 꽃으로 피어 있을까? 언제부터인가 나는 아름다운 자태를 뽐내는 꽃들을 볼 때마다 시인 김수돈을 떠올리곤 한다. 참으로 요상한 노릇이다. 세월이 흐를수록 점점 잊혀져가는 '꽃사람'이었던 김수돈, 그의 문학전집을 엮으면서 우리 사는 세상이 온통 시의 향기로 피어오르길 희망한다.

2020년 6월 15일 찔레꽃 지는 날

월영언덕에서 한정호

일러두기

1. 이 전집은 김수돈의 시와 산문, 그리고 기타 관련 자료들을 한데 모은 것이다. 특히 시집 『소연가』(1947. 2)와 『우수의 황제』(1953. 2), 그리고 신문·잡지 등에 실린 작품들을 챙겨 갈무리하고자 했다.
2. 시집 수록 작품과 연재 수필은 따로 매듭을 나누었고, 그밖의 작품들은 발표 시기 순으로 시와 산문을 구분하여 한데 엮었다. 또한 중복 발표된 작품에 대해서는 그 출처를 부록의 '작품 죽보기'에 밝혀두었다.
3. 모든 작품을 온전하게 챙겨 싣지는 못했다. 이를테면 일문시집 『밤의 축제(夜の祝祭)』, 제목만 소개된 여러 편의 유고시 등이 그것이다. 아울러 김수돈의 편지와 엽서, 수기, 강연 원고 등도 이런저런 사정으로 수록하지 못했다.
4. 일반 독자들에게 쉽게 다가설 수 있도록 한글맞춤법, 띄어쓰기는 이즈음 것으로 원칙으로 삼았다. 다만 작품읽기를 방해하지 않을 만한 작가의 글투나 낱말로 여겨지는 경우는 작품 맛을 살리기 위해 그대로 두고자 했다. 한편 원전 해독이 어려운 곳은 □로 표시했다.
5. 앞으로 『꽃사람 : 김수돈 문학전집』을 바탕으로 삼아 김수돈에 대한 관심과 사랑이 더욱 깊어지기를 바란다.

차례

3부

시집 미수록 작품

4부

수필 <화인장산화(花人莊散話)>

5부
기타 산문 작품

<부록>

1부

시집『소연가(召燕歌)』

고향

고향(故鄕)은
노고지리가 초록빛 꿈을 꾸는
하늘을 가졌다.

풀풀 날리는 아지랑이를 호흡(呼吸)하며
신냉이도 자라고
할미꽃 진달래 송이송이 자라고

태고(太古)적 어느 신화(神話)의 여신(女神)이 속삭였다는
사랑이 밀봉(蜜蜂)의 울안처럼
왱왱 풍성하다.

언덕을 지내고 시내를 건너고
봄은 노래 맞여
고향(故鄕)으로 간다.

고향(故鄕)은
아직도 내 마음에 너그럽다.

*『문장』 1939. 5. -1회 추천시

수정(愁情)

먼 산맥(山脈)을 넘고
구름을 호흡(呼吸)하며
이별(離別)의 슬픈 두 눈이 있다.

노래를 가르치며
사랑을 속삭이며
하얀 따리아꽃 핀 뜰이 있다.

정(情)이 너무 깊어서
너는 떠났지마는

바람 부는 산맥(山脈) 위 날개를 펴고
모색(模索)하는 독수리처럼
슬픈 너를 나는 본다.

낙타(駱駝)

달 밝은 밤일수록
낙타(駱駝)는 잠자-코
걸어간다.

어딘들 슬픔이 없으랴.

눈물은 울대에서
머금어 도로 삼키고
타박타박 모래만 밀고

길게 목을 들어
한숨 쉬는 것

낙타(駱駝)는
오직 하나인 감상(感傷)을
가졌다.

*『문장』 1939. 10. -2회 추천시

기약(期約)

로-타리에는
꽃 없는
낭만(浪漫)의 계절(季節)이
있다.

쉴새 없이
솟아 품기는
분수(噴水)의 다감(多感)한 정열(情熱)

처녀(處女)처럼
맑음을 지니고

여인(女人)을 기다려
황혼(黃昏)을
맞여
보내면

가로(街路)에는 고적(孤寂)처럼
전차(電車)만 달리고

어둠이
배암처럼 천천히
기어온다.

여인(女人)아
파-란 등(燈)불 켜고
쉬히 오느라.

구름은

구름은
먼 추억(追憶)을 쫒는
날개가 도치였나.

저녁노을이
빨갛게 물들인 하늘
서(西)쪽 한구석

수많은 상념(想念)이
낙타(駱駝)들처럼
슬픈 나그네의 길을 떠난다.

* 『동아일보』(1939. 7. 30)에 「석운(夕雲)」으로 발표했으나, 『소연가』(1947. 2)에서는 「구름은」으로 제목을 바꿔 게재.
* 『소연가』(1947. 2)에 「석운(夕雲)」이라는 시가 따로 게재.

다방(茶房) 「루나」 에서

열대식물(熱帶植物)!

어느 화면(畵面)의 구슬픈 연상(連想)이랴 풍악(風樂)마저 포로(捕虜)된 생명(生命)을 하염없이 노리는 듯 한개 섬 「島」을 상정(想定)하고 물 없는 바다 속을 헤엄치며 영원(永遠)히 무수(無數)히 누식(樓息)할 것만 같은 어족(魚族)들을 찾아 오전(午前) 열한 시 네거리의 다방(茶房) "루나"에서 나는 잠간 머물고 가련다. 알지 못할 나라의 문자(文字)가 수놓인 무색(無色) 유리창(琉璃窓) 밖에는 저렇게 아름다운 각선(脚線)의 답보(踏步)도 있나니, 아! 긴 세월(歲月) 가운데 한 토막 순간 나의 처연(悽然)한 생(生)의 피로(疲勞)를 잊으려 하노라.

소연가(召燕歌)

꽃향(香)이 야음(夜陰)의 품에 안겨
끝이 없는 넓은 지역(地域)을
돌고 돌며 퍼져 와
슬픔이 남아 있는 먼 추억(追憶)을 건드리면

나는 아직도
너를 사랑하고 있는 것을
분명히 알고 만다.

새 주둥이같은 입술이
빨간 열매를 쪼으려던 유혹(誘惑)에
너도 여인(女人)이므로
타박 타박 고개 숙인 채 걸어간 것을

지금은 다시 돌아오렴
열리인 창(窓) 앞을 좇는 제비같이
너도 나를 찾아오라.

*『문장』 1939. 5. -1회 추천시

창현(蒼玄)

나는 태공(太空)의 아들이어서
나에게는 어리던 시절(時節)의
푸른 추억(追憶)이 사무쳐 있다.

별의 형(兄)과 아우
숨바꼭질하며 은하수(銀河水) 가으로
뛰놀던
여인 태초(太初)의 기쁨

살처럼 흘러간 기억만(幾億萬)의 때가
어느덧 나를 늙게 하였으므로

범속(凡俗)의 세상(世上)에서
추억(追憶)만 먹고 살지마는

맑게 개인 여름의 석모(夕暮)가 찾아오면
그 성치(盛熾)하는 욕구(欲求)의 정열(情熱)이

아직 내 가슴 속 깊이 깃들어 있는 것을
너희들은 알지 못한다.

* 『날개』(1946. 8)에 발표할 때와는 몇 군데 손질을 했다.

봄의 환상(幻想)

옛날 오래된 옛날
전설(傳說) 속의 풍익(風樂)처럼
나의 거문고는 노래 부른다.

버드나무 가지의 피리가
조선(祖先)들의 목가(牧歌)의 화창(和唱)하던
봄 그 어느 계절(季節)의 환상(幻想)이 사념(思念)되어

되풀이 할수없는 어지러운 애정(愛情)이
능금나무 꽃처럼
향기(香氣)로 와서

어린 새들이
울음 우는 강변(江邊)에서
나도 목 놓아 울었다.

사랑의 날개

내 가슴 속에
한 쌍 사랑의 날개 있어

임이 가시는 곳
어디라도 따라 날려런데

사랑은 운명(運命)되어
괴롭고 슬픈 것

어느 때 내 날개도 상하고
마음도 슬프련만

마지막 힘을 쏟아
창공(蒼空) 별을 쫓고

쇠하여 떨어져 몸 진하면
한마디 어린 새 되어

평생 사랑을 노래하며
아름답고 즐거워 하리라.

석운(夕雲)

노을이 짙어와
애수(哀愁)만 남이있는 산정(山頂)에서
구름은 자색(紫色) 무지개를 그렸다.

부르고 또 불러 보고 싶은
간곡(懇曲)한 정회(情懷)를 싣고
천녀(天女)의 현현(顯現)하는 다리가 되고

구름은 다시 사무치어
계곡(溪谷)으로 내려와서
화려(華麗)할 수 없는 생애(生涯)를 사귀며

어루만지어 쉬히 붙들지 못하는 상념(想念)을
헤아릴 줄 아는 듯
높이 높이 솟았다.

여수(旅愁)

초라한 해항(海港)이어서
건너 간악(山岳)은 구름을 불러 조울고
기폭(旗幅)을 휘날리고 들어오는 선박(船舶)들도
뚜— 어리광 하듯
허전하다.

전설(傳說) 속에서만
나의 청춘(青春)은 지도(地圖)를 펴놓느니
여수(旅愁)를 쫓아
고향(故鄕)을 언제나 등질가보나.

한사코 슬퍼할
별리(別離)의 애정(愛情)도 없으매
유리창(窓)을 열고
해조(海鳥)를 불러와
또 여장(旅裝) 가벼이 하고
벗하여 물길 천리(千里)를 가리라.

유서(遺書)

내 희망(希望)을 불사른 날
한미디 이름 없는 새가 되어

창공(蒼空) 드높은 곳으로
날아가고자 하노니

소식(消息)이 묘연(杳然)한 후에
시체(屍體)는 찾지 말고

백화(白樺)나무 문자(文字)없는 표비(標碑) 하나
세워 주렴.

행(幸)여 생(生)의 처연(悽然)을 가르치는
어진 도표(道標)가 될지라도.

* 『현대문학』(1955. 4)에 같은 제목의 작품 발표.

동면(冬眠)

고갈(枯渴)한 전정(前程)을 바라보며
날개 없는 비상(飛翔)을 꿈꾸어
삶은 처연(悽然)하다.

해암(海巖)을 안아 여인(女人)이 쉬는
정원(庭園)을 꾸몄으나
그 마음은 무덤처럼 슬픈 형상(形象)

가로(街路)엔
장례식(葬禮式)의 긴 행렬(行列)이
오고 가고 바쁠 뿐

난방(暖房)의 유리창(窓)은 아름답고
자색(紫色) 눈 뿌리는 초연(超然)한 바다도
다정(多情)한 듯 그리웁다.

눈물 머금어 울어 보지 못하는
동면(冬眠)의 삶은
괴롭다.

*『문장』 1939. 10. -2회 추천시

완월폭포(玩月瀑布)

뫼 봉오리
드높은 흰 구름 보고 가는데
소나무 더욱 푸르다.

완월(玩月)이라 폭포(瀑布)골
낭떠러지 쏟는 물이
은하(銀河)라 구천척(九千尺)가.

구름다리 휘어잡고
조심조심 내려가는 치맛자락이
공작(孔雀)인양 찬란(燦爛)하다.

맑은 대낮에
햇빛 쪼이지 않는 돌방석

돌베개 베고 누워
기울듯 아롱아롱 몰래 조울면
뭇새 우는 소리 꿈나라 영랑(玲琅)하다.

원효암(元曉庵)

땀 시처며 허리 굽히고 오르고 또 올라 뫼등성이
오랜 암자(庵子) 뜰에 서서 드높은 하늘을 찾으면
환히 개인 하늘은 봄 맞여 따사로이 피어난
느티나무 잎사귀 가로막아 틈틈이 보일 뿐
등에 땀이 배여서 체온(體溫)이 냄새로 옮겨진
바랑을 풀어 놓고
대롱에서 졸졸 흐르는 바윗물 바가지로 훔벅
받아 마시고
옥(玉)인양 이슬인양 이를 끊고
말 한마디 건네고자 절 중을 찾았더니
중은 철 아닌 도화(桃花)나무 그늘에 꽃을 밟고 섰더라.
행여 두견(杜鵑)이 우짖을가 귀 기울여도 보았으나
안하(眼下) 봉봉(峯峯)에 솟는 심록(新綠)의 훈훈한 수향(樹香)만
한가(閑暇)로운 황혼(黃昏)에 싸여 끝없이 흘러갔다.

영남루(嶺南樓)

영남루(嶺南樓) 외로이 저물었다
세때 강(江) 건너 대밭으로 날아들고
나그네 하염없이 언덕을 거닐어 모색(暮色)은
고적(孤寂)에 싸였었다.

너 외로운 고색(古色)을 추억(追憶)이 남아있는
여인(女人)처럼 건드리면
화락(和樂)의 날이 있어 아지랑이를 불러
거문고 서른 개 다락 기둥을 울리고 무녀(舞女)
백화(百花)를
둘러싸고 호접(胡蝶)인양 춤추어 화려(華麗)의 옛 꿈도
있으렸마는

슬퍼라, 지금은 너도 나그네요 나도 나그네의 아들이여서
땅 위에 한 티끌 맞아 의지할 것이 없고
강(江)물처럼 주야(晝夜)에 흐르고 흘러서 세월(歲月)을
여윌진대
너 바라는 것은 무에뇨. 내 원하는 것은
또 무에뇨.

옥수곡(玉水曲)

붉은 산(山) 넘고 넘고 가다가 여기 이 뫼줄기 얼키어
얕은 골짜기 만든 곳에 비단처럼 깨끗하게
펴이진 반석(盤石)을 씻어 맑게 흐르는 물을
만났다.
바위 깎아서 무너진 곳에 물은 폭포(瀑布)되어 쫓는데
그 부드러운 폭포(瀑布)여!
이미 서(西)쪽으로 기울인 가을 볕살의 영롱한 반사(反射)가
물 우에 떠는 낙엽(落葉)과 물속에 헤엄치는
은어(銀魚)떼를 더불어
오후(午后)의 가난한 청춘(靑春)인데
여인(女人)은 물을 향하여 말이 없고
수심(水心)을 더듬어 슬픔을 헤아리면 여윈
추억(追憶)이로다.
성급(性急)히 노래를 불러 보라.
말이 없으매 고요가 더 짙어 왼 몸에 인정(人情)을 얻고
싶은데
눈물 서치어 돌아보면 여인(女人)은 고개를 돌이키어
사뿐 웃었다.
삶이 그렇게 괴롭고 섧다면 오히려 저 부단(不斷)히 흐르는
물처럼 울고나 볼 것을
산(山)에 올라 산(山)보다 더 묵묵(黙黙)하고 강(江)에 앉아
유수(流水)보다 무심(無心)하노니
내 이제는 청춘(靑春)의 긴 나그네 노방(路傍)에 뿌리치고 온

가지가지 한탄(恨嘆)을 추억(追憶)하지 않으리라.

오늘은 이대로 한 필(匹) 사나운 김생되어

산야(山野)에 누식(樓息)하고

운명(運命)의 날을 위하여

저 숲속 벌목정정(伐木丁丁)하는 소리 귀 익혀 들으리라.

석종(夕鐘)

서라벌(徐羅伐) 높은 스님의 넋으로 울린대서
하늘 아래 자색(紫色) 구름 사이로

서른여섯 번 길게 울리는 저녁종
마디마디 죄 씻어 흰 눈처럼 맑게 하고

멀고 깊은 곳 지옥의 권세에도
인자(仁慈)로 읊으시어 죄인(罪人)을 쉬이는 소리라서

은은 쟁쟁
산(山)이 산(山)에 울리고 초목암석(草木巖石) 받아
존엄(尊嚴)의 시간(時間)인데

절문(寺門)앞 높다란 솔가지에
스치는 바람이
마음을 거쳐 다시 아랫마을로 가다.

누흔(淚痕)

무엇이 나를 그렇게 했을까.
그날 밤부터 나는 마음 가난한
사나이가 되고 말았다.

도정(道程)과 결과(結果)가 서로 얽히어
불가사의(不可思議)의 호수(湖水)가에서 목놓고 우는
청춘(靑春)의 유조(流鳥)였다.

수수께끼처럼 알 수 없는 일
세상은 일러 꿈이라 말 하노니
차라리 나에게도 한 페-지 꿈의 책장이었어라.
저녁 하늘에 걸린 아름다운 무지개처럼

별들만 속삭이는 어둠 속에서
너는 환영(幻影)의 치맛자락을 스치고
어디로 갔느냐.

망막(茫漠)한 나그네의 노상(路上)에서처럼
나는 허공(虛空)을 더불어 탄식(嘆息)하노니
끊일 줄 모르는 목메인 눈물아.

유랑(流浪)의 날이 가면
괴로움도 슬픔도 가시고

그러면서 오직 마음은
허망(虛妄)을 꼬리 잡고 맴도는 팽이.

밤이면 밤마다 나는 본다
철로(鐵路)와 강(江)물과 아스팔트와……
모든 야광(夜光)이 찬연(燦然)한 숙명(宿命)과 벗하여
내 영혼(靈魂)은 피로(疲勞)하는 것을

고뇌(苦惱)와 동경(憧憬)
오직 순진(純眞)한 종의 습성(習性)으로
너를 울어러 아름답고 풍우(豊祐)하기만
기도(祈禱)하였노니

내 너를 사랑한다 하지 안했으며
너는 또한 내 마음 깊은 창동(蒼洞)을
엿볼 리 없느니.

내 사랑은 구첩(九疊)의 문(門)을 닫고
대낮에는 수치(羞恥)에 처녀(處女)처럼 낯붉히고
밤이면 장막(帳幕)의 그늘에 숨어 아로새기노니

아아!
끊임없이 불타고

빛나고
오색(五色) 아름답게 물드는 것

너의 자취가 멀리 내 눈을 스치면
내 가슴은 지진(地震)하는 땅처럼
떨리고
너의 목소리가 가늘게 부드럽게 내 어두운
침상(寢床)에 흘러 들리면 내 귀는 뇌성(雷聲)을
들은 듯 놀라노니

아 이 천혜(天惠)의 비밀(秘密)
내 영원(永遠)한 사랑의
기쁨이여!

파초(芭蕉)

고운 바람 바다에서
불어 오면

가을 다저녁때
서산(西山)에 기운 햇빛 짧다시고

뜰 앞 파초(芭蕉)는
온 잎으로 넘실거린다.

사뿐 꿈속 외로움을 디디고
영롱(玲瓏)한 소리에 맞추어

발자취 굴리고 오는
내 마음의 아가씨 하나

시비(神秘) 오묘한 바다에서
불어 오면

화문(花紋)

낯선 이역(異域) 거리
방울 소리 영롱한 꿈속 요람(搖籃)에서
비 맞고 있노니

초라한 머리카락의 모습이
마치 새앙쥐 같다고 놀리는
새악씨 있더라.

포도(葡萄)알처럼 풍성(豊盛)한 젖가슴에
머리를 파묻고
울면 울면

내 삶의 구슬픈 노래들
배암이 되어
꽃무늬 꽃무늬 그리노라.

명(銘)

구중(九重) 첩첩(疊疊)히 갇힌
봄이여

마음 가난하여
원망(怨望)도 없이 살았노니

한 떨기 장미(薔薇)꽃인양 봉오리
고울시고

처량(悽凉)한 날에
홀로 통곡(痛哭)함이여

신좌(神座)에 촛불 꺼진 다음
짙은 체취(體臭)를 품고

손꼽아 헤아리며 몰래
웃노니

백골(白骨)이 회진(灰塵)되어 우주(宇宙)와 더불어
무위(無爲)할 날의 기쁨아!

내 어린 풍속(風俗)은

한사코 그리우는
그 어느 조상(祖上)의 제단(祭壇)에
향(香)피어 그윽히 취(醉)하는 술의 신려(神慮)

이 날이 무슨 연고(緣故)되어
비상(飛翔)의 날개 펴고
대낮에 꿈꾸느뇨.

내 어린 풍속(風俗)은
한낱 풍랑(風浪)의 노래더라.

묘족(猫族)

내 어리던 때
야웅 소리의 공포(恐怖)는
외딴 왕족(王族)의 노호(怒號)더니

고양이는
지붕 짓 담밑의 향리(鄕里)를 버리고
여인(女人)을 따라 시집 와서 산다.

노란 털 푸른 눈은
족보(族譜)에서 삭제(削除)된 지
이미 오래고

조상(祖上)의 유업(遺業)도 어육(魚肉)을 야도(夜盜)하는
용맹(勇猛)도
잊어버리고
안해의 편이 되어 사랑을 간수(看守)한다.

자책지변(自責之辯)

한마리 가난한
학(鶴)이로다.

이방(異邦)의 낯선 풍설(風雪)을 견디고 살며
홀로 도사리고 앉아 혁명(革命)을 꿈꾸었나니.

세월(歲月)은 흘러가고
진흙처럼 낡아버린 청춘(靑春)이었다.

포악(暴惡)의 거리 눈보라
휘날리고

대낮에 시체(屍體)가 부란(腐爛)하여
구데기 기어들고

시간(時間)과 역사(歷史)가
사로잡히어 나는 늙노니

이제 송장곡(送葬曲)도 없는 상여(喪輿) 뒤를 따르는
사주(喪主)가 되어

조소(嘲笑)와 비통(悲痛) 사이에
섰노라.

2부

시집 『우수(憂愁)의 황제(皇帝)』

인형(人形)의 거리

인형(人形)의 거리
사랑은 수밀도(水蜜桃)와 산호(珊瑚) 이빨
유리 상자 속에서
당홍(唐紅) 치마가 첫날밤처럼 수줍어한다.

상아상(象牙想)

상아문(象牙門) 들어가서 있는
수정방(水晶房)이 따뜻하다고
소녀(少女)는
담배를 피워 물었다.
외국 군인(外國 軍人)들의 춤이 묻은 여송연(呂宋煙)
총(銃)알처럼 빨갛게 달아 타는 대로
재가 꿈같이 쌓인다.
동경(東京) 가서
일곱 가지 외국어(外國語) 배우다가
폐(肺) 앓고 죽은
시인(詩人) 생각이 난다
입술을 빨며
서글프게 웃었다.

반역(反逆)

개나리 피는 노-란 봄

비둘기처럼 담장 밑에 와서 지저겨도

돌아보지 않을 심정이었다.

해 저물어

소녀(少女)는 까만 옷을 입고 나와도

하-얗게 보일 뿐이다.

노고지리와 창(窓)

비는 꽃가루 향기를 품고 온다.
네모 들창(窓) 밖에 있는 거리
머언데서 오는 소리가 들린다.

간절한 이름
차마 불러 보지 못한다.

대낮에 켜 올리는
가로등(街路燈)이여

노고지리가 된 나의 심장(心臟)은
깃들일 풀밭이 없어 운다.

우수(憂愁)의 황제(皇帝)

맑은 대낮에

촛불 하나 켜 보면
초만 닳고

빛 없는 노래
아네모네는 정(情)다운 애인(愛人)
자색(紫色)이 짙은 것은 우수부인(憂愁夫人)

구름과 시(詩)와 꿈

식욕(食慾)이 없는 향연(饗宴)에서

언제부터 가진 버릇인지 모르는
나의 비방(秘方)의 주벽(酒癖)이여

지식(知識)도 이성(理性)도 단절(斷絶)된
세계의식(世界意識)에서
전쟁(戰爭)을 노래모양 외운다.
영웅(英雄)이 너무 많다.

절해(絶海) 가운데 외로운 섬에 살아
역정(歷程)을 되씹는 황제(皇帝)가 되랴.

모춘화방(暮春花房)

처녀(處女)는 저쪽 방(房)에서 잔다.

곡선(曲線)들이 커-텐의 주름살처럼 너울거린다.

울다가 잠이 들었을 것이다.

꽃 계절

꽃잎 쌓인 질이 있다.

어떤 풍경(風景)들

A

다방(茶房) 루나—
시온성(城) 밖 종려(棕櫚)나무 잎이 무르녹는 계절(季節)
금붕어 항아리와 미쓰 김—.

B

유리(琉璃)빛의 유리창(琉璃窓)—
그 너머로 호수(湖水)가 있는 하늘이 걸려 있고
그 스카이 라인의 가느다란 곡선(曲線) 위에
굴려오는 아리아
금붕어 항아리와 미쓰 김—.

춘면(春眠)

치맛자락에 싼 봄은
초록 향기 있는 노스탈쟈—
저자에 널어 놓은
쑥 미나리 냉이 상치 시금치
해삼(海蔘) 가재 납새미 가오리 도미 복징어—
복징어 국 파는 열여덟 살 국집 색시
복징어 국 먹고 졸면 죽는다고 하며 웃는다.
복징어 살같이 보-얀 이빨
춘면불각효(春眠不覺曉)—
색시하고 같이 잤으면 죽어도 좋겠다.

실내악(室內樂)

비-너스는 금년에 핀 작약(芍藥)꽃 옆에 있다
오전(午前) 아홉 시에 나의 마음은
전쟁(戰爭)의 후방(後方)에 있다.

피아노와 바이올린을 위한 주명곡(奏鳴曲)
뒤로 앉은 소녀(少女)의 머리카락에
오월(五月) 바람이 쏟아진다.

꽃은 향기(香氣)가 없고 수채화(水彩畵)가 슬픈 풍경(風景)을
그린다.
창(窓)틈으로 스미는 광선(光線) 한줄기를 위하여
먼 생각은 바다 저쪽으로 간다.

오월(五月)과 소녀

DOJO DACHIHARA에게

오월(五月)과 소녀(少女)와
딸기와 푸로-츠 폰치 그라스

'네 꼭 와 주세요.
오월(五月) 바람을 제리이로 만들어 오세요'

그 방(房)안에서는 피로(疲勞)가
수혈(輸血)처럼 정신적(精神的)인 행동(行動)이었으므로

상록수(常綠樹) 그늘에 속삭이는 사랑이
동화(童話)처럼 어리다.

복스 저쪽에 반만 보이는 얼굴
전재(天才)를 위하여 스스로 목숨을 끊는다.

연가(戀歌)

유리병에서 꽃잎이 흩어진다.

비 소리
인형(人形)이 울다가 웃는다.

하늘 더 먼 곳에 사랑하는 사람 하나 있는 것을
아무리 잊으려고 해도
잊을 수가 없다.

"혼자 있을 때에요.
언제까지나 언제까지나 홀로 서 있는 창(窓)밑이에요"

고독(孤獨)

밤을 위하여 부르는 노래가 있다.
"나의 밤이여!"
저 혼자만 굴러져 있는 조개껍질처럼
아무것에도 이어지지 아니하므로
끝내 물속에서도 파도(波濤)소리를 듣지 못하는 것을
스스로 안다.

피로증(疲勞症)

다리아꽃 해바라기 사루비아 당국화— 그런 것이
하나도 없다.

바람소리 숨소리— 그런 것이
하나도 없다.

도대체 무엇이 어디로부터 어디로 가는지
모른다.

가고 또 오고 산다는 것은
생명(生命) 그것 아닌 것이다. 모두 피로(疲勞)했다.

군대(軍隊)가 아니다.
적요(寂寥) 가운데 사람의 시체(屍體)가 있다.
밤은 달을 물고 카-브를 돈다.

조국(祖國)의 얼굴이 얼굴이
영사(映寫)되고 있는 것이다.

실화(失花)

파-란 등(燈)불을 켜 놓고
죽음을 뵈시고 와서
속삭여 본다.

"당신은 아직 젊어요."

너무 가난하여서
장미(薔薇)는 가만히 고개를 숙이고
꽃잎을 거두었다.

"벌써 향기가 없어요."

* 이한직이 엮은 『한국시집(상)』(1952)에 수록.

혁명이후(革命以後)

여기는 호수(湖水)가 있는 풍경(風景)과
정지(停止)하여버린 시간(時間)과

그리고 그들을 위하여 마음껏 울어주는
꽃과 꿀벌과 나비가 있는 곳

바람은 향기를 풍기기 위하여 불고
새는 노래하기 위하여 나뭇가지에 앉았다.

연애(戀愛)하는 사람들처럼
울기 쉬운 마음
저녁노을이 자색(紫色)으로 변하여도 두렵지 않다.

상극(相剋)

운명(運命) 하나 저쪽에서 너털웃음을
웃는 무리가 있다.
(돼지 사귀(邪鬼)가 들은 병자(病者)들)
이미 나이 지친 얼굴이다.
항아리 속에서 수족관(水族館)보다 찬연(燦然)한
꿈을 새기던 먼 눈알을 가졌을 뿐이다.
허공(虛空)에는 시류(時流)— 그러므로 음악(音樂)도
회화(繪畵)도 없는 것이 좋다.
(일찍이 예술(藝術)이 인간(人間)의 현실(現實)과
이상(理想)을 반역(反逆)한 적은 없었다.)
그 뿐이 아니었다. 그에게는 여행(旅行)에
들고 갈 트렁크 한 개도 없다.
북국(北國)의 어느 소설(小說) 가운데 시인(詩人)처럼
데리고 갈 강아지 한 마리마저 없는 것이다.
그러나 길은 이미 나선 것이다.
가야만 하는 것이다.
처랑(處浪)하다고 소녀(少女)가 그 첫사랑에서 받은
상처(傷處)처럼 아파하는 감상(感傷)이 있다.
고층건물(高層建物) 어느 옥상(屋上)에서 내려다보는 듯
사상(思想)과 육체(肉體)가 아찔아찔 상극(相剋)하는 것이다.

초혼(招魂)

가만히 처녀(處女) 곁으로 간다.

처녀(處女)의 몸뚱이가 풍선(風船)이 되어 날아버린다.

별들이 등(燈)불을 켠다.

혼(魂)을 보았다 혼(魂)!

섭리(攝理)

싱거운 일
"글세 어쩌자고 이렇게 인연이 없을까요."

호수(湖水)가 사나워
물새 우는 소리가 들리지 않는구나.
일찍이 카인의 자손(子孫)들인 놈들
은(銀) 삼천냥(三千兩)을 먹고
밀밭에서 배가 터져 죽은 유다가
"같이 갑시다. 단 둘이서만"

호수(湖水)가 사나워
물새 우는 소리가 들리지 않는구나.

곡예사와 나팔(喇叭)

소라 고동의 노래는
나부(裸婦)의 꿈

육체(肉體)가 꾸며 내는
하-얀 대리석(大理石)의 향수(鄕愁) 바다여!

곡예사(曲藝師)가
모자(帽子) 벗고 절하고 섰다.

어느 춤에도 맞지 않는
나팔(喇叭) 소리

풍랑(風浪) 있는
합창(合唱)이여.

대화(對話)

—앉아 생각하라—

시인(詩人)—

앉으세요. 그리고 생각하시오.

군상(群像)—

A. 앉을 곳이 없다!

B. 앉을 수가 없다!

C. 앉아도 생각이 없다!

D. 생각해도 소득이 없다!

시인(詩人)—

그래도 앉으세요. 그리고 생각하시오.

항거(抗拒)

나는 보았다.

해바라기는 달을 보고도 따라 가며 웃고 까부는 것을.

가을

철로(鐵路)를 건너
외줄기로 벋은 보-얀 길바닥을 보고 가면
그것으로 가을이 온다.
일체(一切)가 삶의 한도(限度) 밖에 서 있는 것이다.

저 산 허리로 갸웃이 흘러 서린 안개 속에서
기차(汽車)가 벗고 나오는 모습은
한개 암시(暗示)보다 무섭다.

청춘(靑春)은 사람마다 지니는 것인데 어찌하여
지난밤은 미치도록 술을 마시고
구두 한쪽을 어디에다 두고 왔는지
도모지 기억(記憶)마저 희미한 것이다.

가을!

그것이 자신(自身)을 혹사(酷使)하는 가장 잔악(殘惡)한
채찍이라고 하자.
하면 먼 곳에 두고 온
애인(愛人)의 육체(肉體)처럼 짙은 취향(醉香) 있는
향수(鄕愁)
술 깨어 새벽 홀로 우는 뉘우침이여
또 하나의 다른 가을

이효석(李孝石)은 어찌하여 죽었는가
들! 들 이어 가면 도시(都市)와 도시(都市)를 연결(連結)하고
충일(充溢)하는 공간(空間) 하느님을 가지지 못한
이방(異邦)의 아들의 슬픔이여
생(生)의 저쪽에서만 내어 세울 야단스러운
희화(戲畵)가 많은 기치(旗幟)들

오늘은 가고 내일은 오지 않는 것일까
가을!

여로(旅路)

"내일(來日) 또 오겠어요." 하면서
가버린 소녀(少女)는 잊을 수가 없다.

꼭 막다른 골목에 들어섰어도
돌아 갈 수 없듯이

그러므로 갚지 않으면 안되며
어떤 값 비싼 대상(代償)도 상심(傷心)도

계량(計量)해 볼 수가 없다.
그 가버린 바람과 같이.

* 『마산문학』 5집, 1977. 9. 25.

선인장(仙人掌)

금붕어 한 마리를
죽이지 못한다하여

세상이 그처럼
살기 싫다면
"진정 죽겠어요."

"예!
그런데 오늘은 어찌하여 진종일 비만
나리십니까."

예전에 모르던 사보텐 꽃이 피었다.

정물(靜物)

청춘(靑春)처럼
사과
껍질을
벗긴다.

치마 자락처럼
사과
껍질을
싼다.

치마 자락에
무늬가
선다.

소녀(少女)는
혼자
있을 수가 없다.

호반(湖畔)에서

호수(湖水) 있는 곳에 서면 좋다.

물보다 더 푸르른 하늘을 솟구어
포푸라도 푸르다.

모두 푸른 것을—
(자칫하면 찾아낼 수 없는
먼 계절(季節)이 여기에 서면 자꾸 자꾸
곁으로 닥아 오는 것이다.)

가버리는 것보다 오는 것이
좋다.

참회록(懺悔錄)

무한대(無限大) 거리(距離)의 이 선(線) 위에서
사념(思念) 그런 것으로 뽐내어 봐도
부질없을 뿐

물은 물
불은 불
여사(如斯) 여차(如此) 일체(一切)의 그 가운데
유연(悠然) 거대(巨大)한 죄업(罪業)

너 진실로 진실로
천국(天國)이 가까이 왔음을
깨달을 지어다.

비수(匕首)

한 자루의 비수(匕首) 쓰이는데 많은 물건이여

원수(怨讐)를 위하여
더 날카롭게 갈아 둔 칼날을

저 유—르 아세아의 여인(女人)들
이것으로 유방(乳房)을 도려
꿈의 비밀(秘密)로 할까.

사치한 여인(女人)을 위하여
꽃가지를 끊어
침실(寢室)을 꾸미는 도구(道具)

아름답고 정다운 중세기적(中世紀的) 문화(文化)여.

파이프 기담(綺譚)

파이프 속에 육체(肉體)가 있다. 육체(肉體)는 금붕어의 꿈
여인(女人)은 그리하여 아름답다.
그것은 희랍(希臘)
도박(賭博)에 지면 여인(女人)은 나체(裸體)가 된다.
앙가슴이 부풀고—

배꼽이 무작정으로 크다 그 배꼽에다가
사내는 키스를 한다. 변태성욕(變態性慾)이라고
욕(辱)을 하면 사내는 히히히…… 웃으면서
한다는 말이

"안여 그 후뭇이 스며오는 향기가 있거든
진짜 장미(薔薇)꽃 향기라니깐 중세기(中世紀)의
연인(戀人)들같이
아름다운 사상(思想)……."

소야곡(小夜曲)처럼

소철(蘇鐵) 잎이
말랐다고
소녀(少女)는 물을 뿌려주고 뿌려주고도
중얼 중얼 안타까워한다.

자꾸 하늘에 솟구치는
물방울이
석양(夕陽)을 받았다.

아무도 모르는
그 비밀(秘密) 속으로
가만 가만 오는 것이다.

아—
다 죽어도 나는 살아야 하겠다.

풍속도(風俗圖)

밤새도록 술을 마시면서 성욕(性慾)보다도
더 보채는 정열(情熱)에서 사투리로 속삭인다.

때가 묻은 보선은 벗어 버리는 것이 좋다.

계집은 바지바람으로 앉아 화투(花鬪)를
친다.

두 손가락 새 끼운 담배가 첫꽃 향기로 핀다.

촛불 밑에 보는 계집의 얼굴은 어쩌면
오랜 일기(日記)책 속의 한 구절 고향(故鄕) 같기도 하다.

해장 한 잔 하고 정신 좀 차려야 하는
오! 그 이율배반(二律背反)의 중세기적(中世紀的)
종교적(宗敎的)
풍속도(風俗圖)여!

3부

시집 미수록 작품

아버지 어머니

아가 아가 우지마라
빨래 갔던 엄마 온다.
어린 동생 주린 창자
엄마 품에 담속 안겨
한 젓을낭 손에 쥐고
한 젓꼭지 입에 물고
씩씩 쫄쫄 빨고 있네.
개야 개야 짓지마라
너와 나와 먹이랴고
지게 품든 아버지다.
함박 땀을 흘리시고
동전 몇 푼 버신 것을
쌀을 팔고 나무 사서
너와 나와 쪽쪽 먹네.

* 『동아일보』 1926. 5. 10.
* '어린이 작품'란에 실린 동시 -'김수돈(金洙敦) 십세(十歲)'로 소개

김해(金海)에서

1
아득히 긴 천년 하늘처럼 먼 역정(歷程)의 한 모퉁이
구석진 그늘에 겨레가 자랐고
또한 희구한 나날을 건너 수많은 삶에서 죽음으로 옮겨
가는 하그리 슬픈 이야기 가운데
변두리마다 수목이 자아 늙고 또 쇠하여
지금 내 뜻하지 않고 이 고읍(古邑)을랑 찾아와 그 어느
뉘 생소한 집 외딴 방에 들어 벗이랑 속삭이며 하룻밤
나그네 되어 무심한 정희에 울며 밤 새웠노니
이런 새벽에 주인이 문안하다.

2
저 고목 울창한 곳에 옛이라 옛날 누리던 왕관을 벗고
해골마저 썩은 조상의 능(陵)이 있어
내 어리던 시절 할아버지 도포 입으시고 시사에 가신다고
위엄을 높이시더니
그 아들은 상투를 베고 상고머리 양복을 입어 능문을
들어서지 못했다는 이야기 긴 이야기
이끼 앉은 담장을 끼고 오월이라 기름처럼 짙은 수목의
그늘
그처럼 때묻어 낡은 봉건의 열쇠 깨뜨려 역사는 새로운
책장을 펴고 손자와 손녀들이 지금 날센 모습의 자랑을
버릇없이 아뢰노니

왕이 왕의 존엄마저 어질고 부드러워 멧봉에 할미꽃
한송이 고개 숙이고
대낮 늘어지게 따뜻한 하늘에
종다리 비비 배배 그린다.

*『낭만파』 4집, 1947. 9.

구름도 고운 때를

=어쩌다가 길거리에서 본
아기 업은 P여인(女人)에게
홀로 부치는 노래로다=

그리우던 곳이 있어
홀로 가면은
꽃그림자 포기포기 향그운 모습
노래처럼 외워지는 슬픈 소리가

나비는 춤추더라
벌들이 우짖더라
구름도 고운 때라
물소리 절 종소리 산협(山峽)이면 오월(五月)인데

아지랑이는 어리던 꿈
상념(想念)마저 나의 청춘(靑春)인양 멀게 피어나면
나는 안다 사랑이란 것

그이는 웃으며 울며
지금은 모두 늙었다.
그이가 사는 곳
지붕 밑에 제비가 날고
그이의 아들 내 아들의 어린 벗

그들이 꿈의 꽃송이처럼 핀다.
일곱색 무늬 무늬의 꿈이로다.
모두 젊다가 늙은 꿈이로다.

*『부산일보』 1950. 4. 27.

생사무하(生死無何)

휘 포기의 꽃잎
그윽히 풍겨 오는
향기(香氣)가 있다

아무도 모르는 곳에 있어도 좋다.
슬픔을 지녔던 것이다.
주취(酒醉)처럼—

별 하나 다른 거리(距離)에서
비껴가는 의미(意味)의 날개여
구슬보다 맑은 투명(透明)의 세계의식(世界意識)

가로(街路)에 서서
항용 넓은 하늘을 본다.
그 소년(少年)에게 주어 버린 꿈이다.

향기가 그대로 형상(形象)을
빌리는 시간(時間)
사람은 죽고 또 산다.

*『청포도』 3집, 1952. 12.

숲

내가 이른 아침 한 때를 택하여
여기 이 숲 속에 와서 서는 것은
무슨 까닭인가

뿌리는 들이나 그대로
먼 형상(形象)을 꾸몄고
훈훈(薰薰)한 수향(樹香)은 저 산악(山岳)으로부터
흘러서 바다로 향하고
울창(鬱蒼)한 가지 잎새가 덮은 빈터에는
천년(千年)을 두고 바위가 솟아
지금 내가 앉은 자리를 스쳐
제비가 민첩하게 그 어린 날개를 재껴 안다.

그것들은 참으로 굳센 것들이며
심원(深遠)한 것이며
유현(幽玄)한 것이며
생생한 것이며

또한
다정(多精)에 의한 것이며
보다 더 과학(科學)의 것
종교(宗敎)의 것
철학(哲學)의 것이다.

그러나 내가 아침 한 때를 택하여
여기 이 숲속에 와 서는 것은
그것들과는 상관이 없다

나의 정감(情感)이 이끄는 핏속에는
아직 잠 깨인 지금도
어제 밤 어두운 길머리에서
꼭 틀어 안고
불타는 입술을 빨며 헤어진
사랑하는 사람의 짙은 체취(體臭)가
구비쳐 흐르고 있다.

나의 실낱같은 한 오래기의 슬픈
사념(思念) 속에는
아직 지금도 어느 동란(動亂)의
생명(生命)의 위기(危機) 속에서
사랑하는 사람의 시체(屍體)를 떠밀고 달음질 친
생채기가 가시어 질 수가 없는 것이 있다.

그처럼 나는 여이었고
그처럼 나는 허물어졌고
그처럼 나는 쑥쑥하여 졌다.

나보다 십년(十年)을 더 일찍 죽은 시인(詩人)은
만주(滿洲) 광야(曠野)에서
범의 부르짖음을 찬송(讚頌)하였는데

사상(思想)은 질곡(桎梏)이 되고
형(刑)틀이 되고
주의(主義)도 의식(意識)도 송두리채
빈 깡통이 되어
거지 밥그릇에도 쓰이지 않는다.

그리하여
파도(波濤)마저 일지 않는 바닷가에서
도서(島嶼)를 더불어 희롱(戲弄)하는 회상(回想)의 물새가
되고
가냘픈 날개를 어루만진다.

아 우주(宇宙) 위에
두 개의 지역(地域)이 있다고 생각하듯

또 하나의 시간(時間) 사이에
부단(不斷)히 흐르고 있는
영겁(永劫)의 비통(悲痛)이여

참으로
신기한 것을
본다.

*『문예』 1954. 1.

희고 슬픈 비여

얼굴 속에서 구름 한 쪼각은
빙하(氷花)같은 빛깔을 하였고
웃음 웃는 아침은
새가 조심스럽게 울었다.

"아가씨가 혼자서 울었습니다."

정치가(政治家)이신 아버지의 안경(眼鏡) 알 속에서
자가용(自家用) 고급승용차(高級乘用車)는
지하실(地下室) 철비(鐵扉)에 부딪쳐
산산이 부서지고 말았던 것이다.

정말 그 시간(時間)에
어느 나라
대통령(大統領)의 아드님이 체포(逮捕)되었다고
신문(新聞)에 쓰였다.

"바보 자식 같은 이"

목덜미에
피가 새빨갛게 흐르는
화면(畵面)을
구상(構想)하였다.

도깨비가
딜 보고
이빨 내밀고
까분다.

코스모스 꽃이 피었네.
꽃무늬가 줄줄이 흐른다.
대체 어디메에 머물
향수(鄕愁)ㄴ지 알 수 없구나.

가을은
먼 곳에 저만치 혼자 서 있다
비는 바이올린의 G선(線)처럼
구슬픈 낙엽(落葉) 소리

"몸에 배여 오는 전율(戰慄)이 있다."

프랑스의
어느 시인(詩人)의 코밑수염처럼
희고 슬픈 비여
가을비여!

*『문화세계』 1집, 1954. 2.

오후(午後)

나의 오후(午後)는
신기루(蜃氣樓)가 색깔을 뿜어
가슴 속에 무늬가 되는
시간(時間)

유리창(窓)에는
도모지 내 기억(記憶)에 없는
소녀(少女)의 뒷 머리카락이 입술을 내밀며
지나간다.

그것을 오렌지빛 노래로 새겨
밤이 오기를 기다린다고
외우면
택시 속의 나의 아내가
화를 낸다.

'자 우리 모두 코-라스로 합시다.'

나의 주증(酒症) 같은
순수(純粹)가
첫날밤의 홍(紅)치마 자락에
구토질을 해도
막아낼 약(藥) 한 톨이 없다.

* 『시작(詩作)』 창간호, 1954. 4.

밀어(密語)

나의 소년기(少年期)에는
향기(香氣)로운
포도즙(葡萄汁) 같은
사랑이 있었다.

고독(孤獨)이 늙는
아득한 날에
석류(柘榴) 알처럼
익어 가는 비밀(秘密)이 있다.

* 『경남공론』 22호, 1954. 8.

아가(雅歌)

밤이 아름다우면
별처럼 깨어 있고 싶어라.

사랑하는 사람이
옆에 있으면
깜박 새도록
그냥 있고 싶어라.

그리운 임이
눈앞에 삼삼이는
밤과 낮
낮과 밤

그 날을 위하여
그 밤을 위하여

꽃은
마구 피어라.

* 『영문』 12집, 1954. 11.

애가(哀歌)

되씹어 내면
생각은
꼭 무늬가 되어서 온다.

석고(石膏)처럼 차디 찬 육체(肉體)임으로
스스로 흙 속에서 잠자는 뱀

산령(山嶺)을 넘고 온 것이다
새의 울음소리와도 같고
바위에 솟는 물소리와도 같다.

심지어는 제 혼자서만 외우는
밤의 비밀(秘密)
한낮이면 더욱 먼 적요(寂寥)

목 놓아 울 것인가
도사리고 앉아 뉘우칠 것인가
가는 것 가운데
머무는 하나의 물체(物體)여

조숙(早熟)하여 봉오리로 풍기는 눈시울
곁으로 와서 서면
창부(娼婦)의 유방(乳房) 유액(流液)의 향취(香臭)

서구적(西歐的) 위기(危機)의 어떤 자세(姿勢)에서
현기증(眩氣症)을 일으킨 전쟁(戰爭)의 이율배반(二律背反)이
아지랑이처럼 토양(土壤)을 뚫고 나온다.

여기에 미희(美姬)가 있다.
동정녀(童貞女)가 구세주(救世主)를 잉태한 밤처럼
일미(日味)있는 꿈이여
별이 쏟아지는 의미(意味)의 비밀(秘密)이 있다.

우리가 싸우는 것은
정신(精神)이 물질(物質)을 이기기 위함이 아닌가.

*『문화춘추』1954.

중간거리(中間距離)

메랑코리가 없어진 뒤로부터
화려(華麗)하지 않는 내 삶의 속 밖은
한 층 더 복잡(複雜)한 것이 있다.

오후(午後) 네 시
가을이 물드는 거리

파이프를 물고 선 것이다.
거지로 보이지 않는 탓으로
아무도 나에게 돈 한 푼을 던져 주지 않는다.

가로수(街路樹)가 없으므로
이방(異邦)이 될 수가 없다.
사색(思索)에 색채(色彩)가 생기지 않는다고
소녀(少女)가 운다.

오늘 아침 앞 집에서는 문둥병
걸린 칠십노옹(七十老翁)이 죽었다.

뒷집에서는 생후(生後) 오개월 난
갓난이가 죽었다.
나는 꼭 그 중간거리에 살고 있는 것이다.

「송장 가운데 내가 있다.」

그리하여

파이프는 부란(腐爛)하는 육체(肉體)의 체취(體臭)로 타다.

육체(肉體)와 육체(肉體)가

맞부딪치는 곳에

정신(精神)이 탄생(誕生)하는 것이다.

* 『연합신문』 1954. 2.
* 『연간시집』, 문성당, 1954.

겨울 옆에서

그렇게 산하(山河)가 제대로 있음은
절대(絶對)의 것이 대립(對立)하는
위엄(威嚴)의 존재(存在)를 내세우는 까닭이다.

풀벌레가 되어
이슬을 먹고 사는 일월(日月)을 두고
성령(聖靈)처럼 아름다운
무지개

너의 죄(罪)로 말미암아
얻은 애정(愛情)의 연륜(年輪)을 헤아려보라.

저녁노을에 걸린
서산(西山) 마루의 앙상한 고목(枯木) 가지를
그 사이에 떠 있는 흰구름

그처럼
겨울 옆에
서 있는 것이다.

*『마산일보』 1955. 1. 22.

유서(遺書)

별을 헤아리듯 깜박이는
그의 눈초리를 보라.

대낮에
비수(匕首)처럼
악의(惡意) 있는 애정(愛情)

침상(寢床)에서
감추어 버린 숨소리여

깊은 바다 속으로
헤어가는 마음을 아는가.

아쉽고 애달픈 일
많은 날

사내는

복사꽃 피는

마을에 가서

꽃처럼

보얗게 죽었으면 좋겠다고

유서(遺書)를 쓴다.

*『현대문학』, 1955. 4.

독어(獨語)

꽃 보고 웃는 기쁜 마음

그렇게 웃어 보는 나의 청춘(靑春)과
도화(桃花) 빛깔의 위치(位置)

혼자서 왔다 간다.
꽃 옆에 또 꽃이 피던 어쩌리.

* 『현대문학』, 1955. 9.

애인(愛人)

나는 절름바리
너는 비밀(秘密)의 코스모포리탄

순백(純白)의 향수(鄕愁)여
레그혼 자웅(雌雄)이 쌍쌍으로……

"당신의 애인(愛人)을
나는 더욱 사랑해요."

<오늘 닭 울기 전에
내가 세 번 나를 모른다고 할 것이다.>

푸라타나스 가로수(街路樹) 있는 거리
결혼식장(結婚式場)으로 가는 화려(華麗)한 나의
쌍두마차(雙頭馬車)여

"너하고 나하고
단 둘이서 살자."

앙그로 싹숀 같은
내 사랑의 제국주의(帝國主義)

검정 드레스 입은 애인(愛人)아

수선화(水仙花)가 피면 어찌할 것인가

카-텐이 있는

창(窓) 옆에 앉아 있어라.

* 『영문』 13집, 1955. 11.

낙엽(落葉)처럼

"꼭 서른다섯 살이죠."
사랑스러운 미망인(未亡人)
너의 이맛살에
주름 잡힌 누적(累積)을 보라
사생아적(私生兒的)인 것

— 거리에는 —
어둠이
혼자 와서
사람이
종이 조각처럼
낙엽(落葉)처럼
한참 굴려져 간다.
— 참 슬프다. —

"서창(西窓) 앞으로
오시오 노-란 광선(光線)과 함께"
잘 못하면
너의 허위(虛僞)를 닮아
울 것 같구나.

지난 밤의 약속(約束)을
지키시오.

*『문학예술』 7집, 1955. 12.

향기(香氣) 있는 방(房)

꽃 한 포기
무늬 속에
소녀(少女)가 앉아 있다.

창(窓) 너머 쏟아지는
쏘나타 같은 눈
함박꽃으로 핀다.

저녁노을처럼 보랏빛이 되어
가버리는 사람

바람 소리에 놀래는 것은
새의 날개보다
더 비상(飛翔)을 꿈꾸는 까닭이다.

언제 왔었던가.
당신의
향기(香氣) 있는 방

도모지 믿을 수 없는
사람 옆에서
내가 잔다.

*『문학예술』 8집, 1956. 11.

비밀(秘密)의 화원(花園)

솜구름 피어오르는 산정(山頂)을 바라보며
소녀(少女)들은 내일(來日) 만날 수 있는 이별(離別)을
슬퍼하였다.

거기에는 연결(連結)되지 않는 땅과 바다 그러나 참
아름다운
해안선(海岸線) 있는 둘레
또 신기로운 석양(夕陽)의 시간(時間)

무수(無數)의
진실(眞實)과 허위(虛僞)와
선(善)과 악(惡)이
또 단조(單調)와 복잡(複雜)에 의하여
혼란(混亂)과 질서(秩序)에 의하여

그것은 순정(純情)의 다갈색(茶褐色)
마법(魔法)의 푸른 빛 현악(絃樂)

—비밀(秘密)의 화원(花園)을 가는 나의 꿈이여—

바람은 바다에서 불어오는데
성모(聖母) 마리아의 밤은 깊다.

—나의 순라병(巡羅兵)이여—

정신주의(精神主義)와 함께 소음(騷音)이 되어버린
성령(聖靈)의 행방(行方)을 찾아
너의 호각을 부라.

*『영문』 14집, 1956. 11.

아름다운 계절(季節)에

1

노을처럼 사라지는 그리운 얼굴
꿈에도 뵈이는 바닷가에서
모래를 파고
꽃잎을 묻어 주던
고운 그 손을
살며시 잡아 보는 아름다운 계절을

2

기약없이 가버린 먼 길 위에
바다 바다를 그린다.
거울 하나 앞에 두고
물거품 부풀어 가고 오는
무늬를 그린다.

3

그 계절과 같은
저녁 무렵에는
쏘나타 형식의 사고(思考)
<하늘과 땅 밤과 낮 풀피리 소리 들리는 강변(江邊)>
손을 꼽아 본다.

4

자색(紫色)들이 황홀한 화원(花園)에서
소녀들은
꿀벌들의 밀어(密語)를 엿듣기는 했으나
의미(意味)의 해석(解釋)이 서로 달라서
천차만별의 혼인식(婚姻式)에
각자의 촛불을 켜 들고 간다.
<비둘기여
성령(聖靈)이여
나도 당신과 부부(夫婦)가 되고 싶습니다.>

5

<꽃은 피어도 열매는 맺지 않습니다.>
난로(暖爐) 있는 방(房)
창 옆에 앉아서 커어텐을 만지작거리며
눈 흘겨보는
아 저 얄미운 겨울의 오랑캐꽃

6

발간 열매 쫓던 입술이
세월(歲月)과 함께
먼 곳에 웃고 섰다.

<이쪽을 좀 보세요.>
참 아름다운 좋은 계절에
한 아름 길 위에 뿌릴 꽃잎새

밤이 없어도
별이 없어도
창(窓)마다 열어 놓고
뱀이 되어버린
나의 제비도
부르리.

*『현대문학』 1957. 4.

당신의 미소(微笑)는

그곳은 한 오래기의 풀마저
색동으로 요란한 꿈의 요사한 놀이터

이슬이 맺어 오색(五色) 무늬로 솟는
분수(噴水)의 밤 노래를 싣고

기적(汽笛)으로 신호(信號)하며 스쳐가는
당신의 미소는 처녀항해(處女航海)

그리하여 장미(薔薇)는 사랑하는 사람을
가시로 찔러 죽인다.

'오 아리따운 나의 왕비(王妃)여'

황제(皇帝)는
풍랑의 대양(大洋) 가운데 유적(流謫)의 섬 하나 사놓고
도박장(賭博場)으로 간다.

초록이라도 좋고 보랏빛이라도 좋다.
쌍두마차(雙頭馬車)는 네거리에서 방향(方向)을 잃어버리고

타다 남은 촛불은
은촉대(銀燭臺) 위에서 그의 사랑을 계량하여 보는
것이다.

「참 어리석은 나의 사상(思想)의 독재자(獨裁者)들이여」

* 『현대문학』 1957. 9.

고별(告別)

바다가 보이는
창(窓) 옆에
혼자 앉아 있다.

오늘은 나에게
아무것도 없다.
아무도 없다.

절벽(絶壁)을 등지고
뒷걸음치는 야수(野獸)처럼
눈알을 부릅떴을 뿐이다.

항아리 속에서
금붕어가 죽어 가듯
그것은 無意味(無意味)일 것이라 한다.

바람이 불어
모진 고비를 겪어
사람은 산다.

*『문필』 1집, 1957. 10.

가을의 봐요링

그리운 사람의 부르는 노래는
가을의 봐요링

별들은 술 마시고
나비는 춤추는데

너울거리는 갈대
<사람은 생각하는 갈대라>

만났다 헤어졌다 하면서
그렇게 살아온 오 그 사람들

수목(樹木)의 애절(哀絶)한 연륜(年輪)처럼
파도(波濤)의 연연(戀戀)한 윤회(輪廻)처럼

명상(瞑想)은
낙엽(落葉)인양 혼자 있다.

* 『영문』 15집, 1957. 11.

슬픈 구도(構圖)와 저녁 무지개

밤의 그윽한 향기(香氣)를 위하여
꽃은 피는데

꽃의 빛과 무늬는
커어텐에 싸인 아릿다운 정담(情談)

활짝 피어서
너를 부르는듯 부르는듯

마악 벌레들이 울려고 하는
나그네의 정원(庭園)

난하(欄下)에 기대서서 먼 그대를 그리는
슬픈 구도(構圖)의 저녁 무지개여

비밀(秘密)을 지니고
너와 나

그리고 짝지어 사는
허무(虛無)와 실재(實在) 또 사랑.

*『문학예술』 9집, 1957. 12.

거리(距離)

사랑하는 사람아
창(窓) 옆으로 오라

진주(眞珠) 알보다 그리운 광선(光線)
계량(計量)에 의한 순정(純情)

그것은 오늘에 있는 것이 아니다
꽃은 피어도 좋지만……

사람은 행복(幸福) 되기 위하여
스스로 많은 고역(苦役)을 산다.

머물러 살펴보라
너울거리는 무늬 있는 풍경(風景)들과

별과별 사이에 사는
너와 나와

그리고 계절 따라 가버리는
사람들

돌 계단 내려 서서
헤아려 본다 먼 거리를.

*『현대문학』 1958. 6.

풍경(風景)

창(窓) 너머 너울거리는 나무 잎 새로
미풍(微風)은 풍경을 꾸미고
쏟아져 온다.

「그대 가슴에 꽃을 꽂아 주련다.」

배음(背音)으로 깔려지는
나비를 따라
선율(旋律) 있는 발자취

바다를 향하여
나비를 따라
훨훨 날아가는 숙녀(淑女)같은 초록(草綠)의 애가(哀歌)

손을 들어 휘저으며
바람이 되고 싶어
바람과 함께 가고 싶어

입술을 깨물듯
전율(戰慄)하는 그림자를 지켜본다.

*『현대문학』 1958. 11.

성장(盛裝)하는 세월(歲月)

숲은 하늘을 향하여
별의 눈짓을 한다.

원시(原始)의 계절(季節) 옆에서
성장(盛裝)하는 세월(歲月)

많은 역정(歷程)에 눌려
가장자리에 번져 가는 연륜(年輪)이 있다.

무엇 때문인지
눈감고 말 하지 않으려는 것이다.

서로 만나고 헤어지는…
아침과 저녁의 사연(事緣)

또 어느 나그네 길의 애수(哀愁)
도시(都市)와 도시(都市)를 연결(連結)해 주는 찬란(燦爛)한
평야(平野)의 환상(幻像)

눈은 제대로 뻗어 있어
태양곡선(太陽曲線)을 그려 보내고
구름이 홀로 소묘(素描)하는 경사(傾斜)

바람 따라 가버린 추억(追憶)들이여
<내일(來日)은 꼭 편지 주셔요.>

머언 먼 하늘에 외우는
다정(多情)한 메아리 같은 그 소녀(少女)의 웃음
참 호화(豪華)스러운 미래(未來)며 꿈은
거기에 있어라.

* 『사상계』 1958. 11.

꽃밭에 들어서

꽃밭에 들어서 꽃을 꺾다가
뱀을 만나고
꽃 같은 뱀은 꽃봉오리 같은
고개를 쳐들고
꽃잎 같은 입술에
꽃술 같은 혓바닥을 내밀고
나불거리는데……

<대체 무슨 이야길 그렇게 다정스럽게 하는 걸까요.>

간밤에 아무 꿈도 꾸지 않았는데……
사랑하는 사람도 옆엔 없었는데……
하늘에 별도 헤어 보지 않았는데……
잠자리에 누어서 한숨 쉰 적도 없는데……
아름다운 무늬로 꽃수는 놓아도
잠깐도 옆눈은 팔지 않았는데……

<대체 무슨 까닭으로 저렇게 상냥스레 웃는 걸까요.>

*『사상계』 1958. 11.

또 새로운 세월(歲月)이 온다

광야(曠野)에 홀로 나선
한 사람이 있다.

일원(日月)과 성신(星辰)은
그의 주위(周圍)에 있다.

소소한 바람과
슬픔에 싸여서 나리는 비와

아득히 먼 시간(時間)을 오고 가는 그림자와
또 헤아리지 못한 회한(悔恨)들

한 포기의 꽃이 되고
한 그루의 나무가 되고

노방(路傍)에서는 굴러져 있는 돌멩이
태고(太古)로 있는 강(江)과 산(山)

<거기에 누가 머뭇거리다 지나간다.>
<거기에 누가 속삭이다 지나간다.>
<거기에 누가 외치다 지나간다.>
<거기에 누가 웃음치고 지나간다.>

때로는 허울이 되고
때로는 알맹이가 되고

이웃이 되었다가 내가 되고
내가 되었다가 이웃이 되는 것

아 그렇게 흘러간 세월(歲月)에
또 새로운 세월(歲月)이 온다.

* 『사상계』 1959. 4.

동한일(冬閑日)

후도(胡桃)나무 잎 다진
가지에 참새 한 마리 앉아서
재재거리는
아침은

서릿발 하아얀
언덕에
파릇파릇 새보리
싹이 곱구나.

지난 밤은
어이하여 슬픈 꿈꾸고
아직도 가시지 않는
아련한 모습들

두고 온 인생도
가지 가진데
두고 갈 사연에
사로잡히네.

한낮을 느껴운
기지개 쉬고
아홉에 아홉 보태는

풀이를 한다.

봄인양 따사로운
바람 부는데
겨울에 피는 꽃이
향기로워라.

오늘도
이대로 머물고 가서
구름 가에 아쉬운
나그네구나.

*『마대문학』 3집, 1962. 12.

단장(斷章)

(1)

노을처럼 사라지는 그리운 얼굴
꿈에도 외이는 바닷가에서
모래를 파고
꽃잎을 묻어주던
고운 그 손을
살며시 잡아 보는 아름다운 계절(季節)이여.

(2)

기약없이 가버린 먼 길 위에
바다를 그린다.
거울 하나 앞에 두고
물거품 부풀어 가고 오는
무늬를 그린다.

(3)

그 계절(季節)과 같은
저녁 무렵에는
쏘나타 형식(形式)의 사고(思考)
<하늘과 땅 밤과 낮
풀피리 들리는 강변(江邊)>
손을 꼽아 본다.

(4)

<꽃은 피어도
열매는 맺지 않는구나.>
난로(煖爐) 있는 방(房)
창(窓) 옆에 앉아서 커어텐을 만지작거리며
눈 흘겨본다.
아 저 얄미운 겨울의 오랑캐꽃이여.

(5)

밤이 없어도
별이 없어도
창(窓)마다 열어 놓고

부르리.
뱀이 되어버린
나의 제비를
부르리.

*『마산대학보』 1963. 11. 14.

누가 와서

누가 와서
저렇게 보얀 보라가 물드는
내 방의 창문(窓門)을 열어라.

멀리 지나가는 돛단배와
고운 원(圓)을 그리며 나는 갈매기와
적막(寂寞)같은 산정(山頂)의 자태(姿態)를 보련다.

그리고 나는 골똘히
나를 생각하고
지금은 옆에 없는 너를 생각하련다.

또 풀잎마저 얼어붙은
빈 뜰에 싸늘히 스쳐가는 바람의 소리 듣고.

아직 아무에게도 해보지 않은
새로운 소리 한마디 건네어
오늘과 내일(來日)을 이어보련다.

*『마산대학보』 1963. 12. 21.

채송화(菜松花)

어슬프게 귀(貴)한 절개(節介)같은 것은 당초 지니지 아니하였으므로 오히려 땅에 갈리어 짓밟히고도 그 삶에 회한(悔恨)이 없었다.

오직 개자씨 알만한 신앙으로 땅에 떨어져 창녀처럼 부끄러운 번식(繁殖)을 하여 성하(盛夏)의 계절 한 아람 원색(原色)의 화변(花辯)을 벌려 누구에게 교태(嬌態)지어 한낮의 성좌(星座)를 꾸며준 것이다.

그것은 어슴프레한 신화(神話)의 여운을 남겨 자랑하지 않으나 그래도 전설의 그늘에 숨어서 소녀들과 이방인의 애총(愛寵)을 받고 후광(後光)이 긴 종일(終日) 수놓은 비단 이불 위에 찬란하였다.

어느 날 그 우수(憂愁)로 하여 호접(胡蝶)의 뜻하지 않은 입맞춤에 너그러이 발돋움하고 고개를 치켜 든 순간이었던가.

아 기약조차 할 수 없는 애띈 사랑은 스스로의 비운(悲運)과 우주의 섭리와 또 현존(現存)과 내세(來世)에 이끌리어 운명에 사로잡히고 까닭없는 연유(緣由)를 전승하였느리라.

참으로 행복은 늙어서 어리던 시절의 꿈을 이루는 아름다운 삶에 있는 것이다.

* 『마대문학』 4집, 1963. 12.

층계(層階) 위의 나비

Coeur meurtri Come une Pecheon

백 여덟 개의 층계(層階)를 오르며 나리며
나비는 한참 생각해본다.

꽃의 휘황한 빛깔과
꿀의 흐르는 감미(甘味)로운 향기(香氣),

밤의 훈훈한 어둠에 싸여
하늘이 한량없이 넓고
무수한 별이 총총이는 영광(榮光),

더 아름다운 봄 날씨에
새들이 고향(故鄕)의 산에서 우는가,
그리고 도화(桃花) 꽃잎처럼
마음이 상(傷)하는가,

내일(來日)이나 모래쯤이면
얼마나 후회(後悔)할 일인데
이렇게 사무치게 몸부림치어지는 것인지,

나비는

백 여덟 개째의 층계(層階) 위에서

초록빛의 하늘을

우러러 본다.

*『마산대학보』, 1965. 3. 25.

채송화(菜松花)

어슴푸레한
신화(神話)의 여울을
남겨 자랑하지 않으나

그래도 전설(傳說)의 그늘에
숨어서 소녀(少女)들과 이방인(異邦人)의
애총(愛寵)받고 후강(後光)이긴 종일(終日) 수놓은
비단이불 위에 찬란(燦爛)하였다.

* 시화 작품 -박홍석(朴紅石) 그림

무하유향(無何有鄕)

포푸라 나무 잎이 무성(茂盛)하여 바람에
나풀거리는 그 위 푸르른 하늘에 흰
구름이 둥실 떴다.

수양(垂楊)버들 가지를 잡고 서서 개울 물
흐르는 소리를 듣고 섰는데 버들잎이
와서 얼굴을 간질러 주고 간다.

신선(神仙)이 산다는 곳도 아닌데
여기는 이렇게 신비(神秘)로운 일만 있고
또 다른 생각에 잠겨도 이어 어리석은
아이처럼 멍 하늘만 보면 시름이 없다.

어제나 오늘의 구별(區別)은 아예 하지 않는다.
누구와 누구의 가림도 쓸데없다.
구름이 자태(姿態)를 바꾸고
바람이 방향(方向)을 고치고
물의 흐르는 소리가 때로 달라져도

새처럼 구애하지 않으면 그만
풀벌레처럼 저 혼자 울어대면 그만

영겁(永劫)의 법열(法悅)과

태고(太古)의 정성(精誠)과
무한(無限)의 섭리(攝理)에 의하여
스스로가 있을 뿐이다.

* 『마산대학보』 1965. 9. 20.

춘신(春信)

사랑이 끝난 뒤에 그 언저리 꽃은 피어
향기로 번져가서 가슴만 설레는데
세월은 무슨 뜻으로 혼자 웃고 오가는가.

깨어진 사연에도 그림자를 남겨 두고
아쉬운 음성(音聲)으로 새삯 트는 찰나(刹那)든가
다정한 봄이 왔다고 전간하는 눈짓을

영영 가버린 것 흔적마저 없을 것을
해마다 다시 피는 꽃의 심술 어이하랴
허허(虛虛)한 삶의 안팎에 서런 무늬만 진다.

*『시조문학』 13집, 1966. 4. -시조

너의 영혼(靈魂)과 함께

꽃은
오색(五色)의 빛깔로 있을 때보다

꽃은
밤그늘을 타고 바람길에 번지는 향기(香氣)보다

그대의 눈짓을 닮고
그대의 걸어오는 발자국 소리로
소군거리는 것을 닮고

마침내 시들어 떨어지면서
희영청 밝은 달 아래 너울너울 춤추고

아하핫 너털웃음을 웃고
아쉬움 없는 그 모습으로

나의 마음 속에 영상(影像)이 되고
나의 음률(音律) 속에 배음(背音)이 되고

뜬구름도 없는
푸른 날에
너의 영혼과 함께

내 옆에 있으라
항상 도사리고 있으라.

*『현대문학』 1966. 5.

사월연가(四月戀歌)

꽃은
그대로다
흩어져

세월(歲月)과
함께
영영 가버렸는데

빛깔만
남고

그림자만
남고

향기만
남아

사랑이
끝난 그 언저리에
사월(四月)의 노을이 곱다.

* 『현대문학』, 1967. 9. -유고시

노을 무렵에

줄 술 기듬 흐그는
초록(草綠) 잎사귀에 맺혔던
이슬 하나 따먹고

퐁당 퐁당 새 방울 솟는
샘물에
다시 이빨을 씻고

맑고 맑은 동자(瞳子)로
쪼아보는
눈맵시

먼데서 들려오는 메아리
동(東)쪽 뫼등의 석양(夕陽)처럼
돌려보내고

꽃이 되어 서럽고
사랑이 되어 애달픈
사연 많은 이야기

한참 쉬면서 앉았다가
바쁜 걸음으로 가버리는
저녁노을 같은 다정(多情)한 이야기.

*『현대문학』, 1967. 9. -유고시

생명(生命)

땅위에 있는
온갖 무리들
그것들은 갖가지 뜻에 의하여

빛깔이 되고
소리가 되고
또 행진(行進)하는 대열(隊列)같은 것
혹은 흩어져 산란(散亂)하는 것

혼돈(混沌)과
질서(秩序) 따위의
다양(多樣)한 무늬가 어룽지는 생명(生命)

꽃도 있고
별도 있고
영웅(英雄)이나
왕자(王子)처럼
공주(公主)처럼

사냥스럽고
까다롭고
오만(傲慢)하고
비열(卑劣)한 무리들

<용맹(勇猛) 있는 자(者)는 한 번 죽고
비겁(卑怯)한 놈은 죽을 때까지 몇 번이나
죽는다.>

*『현대문학』, 1967. 9. -유고시

언어(言語)

먼 곳에 잇는
사람이여

밤의 향기에 취하여
스쳐가는 바람을
시샘하는가.

깨끗한 눈동자로
깊숙이
들여다보려무나.

참 아름다운 것은
아무도 얼른 모른다.

비밀(秘密)처럼
얄밉기는 하지만
아쉬운 것
서러운 것

사랑하는 사람이여
지금 꼭 한 번
생각하여 보아라.

오래도록

잊어버렸던 일을

별에

속삭였던 이야기

꽃에

되뇌었던 사연

소리는 들리지 않아도

의미(意味)가

가득한 그 말……

말들 말이다.

*『현대문학』, 1967. 9. -유고시

제주소견(濟州所見) 풍경 B

그것은 하나의 산(山)
그것은 둘러싼 먼 수평선(水平線)

그것은 허구 많은 전설(傳說)
그것은 돌 돌 돌

그것은 막막한 초원(草原)
그것은 말과 소와 염소

그러나
밭둔덕마다 쌓아올린 저 성벽(城壁)
같은 돌담

그리고 밭 가운데 어질게 누워 있는
무덤과 무덤을 둘러싼 또
그 성벽(城壁)같은 돌담

한가(閑暇)로이 밭이랑에
야생(野生)하는 칸나나 문주란(文珠蘭)이나
비자림이나 통나무처럼
어제와 오늘과 또 내일(來日)
이어가는 생활(生活).

* 『문협』 창간호, 1968.9. -유고시

한일(閑日)

바람은 치맛자락에 불건마는
모래 섞인 열풍(熱風)이라오.

임은 육지(陸地) 가서
달포 넘어 안 오시건만

귀한 애기
구덕에서 잠을 재우고

한 여름 지내오면
임도 오시고

선들 바람 불어와서
시름도 가시려다.

* 『문협』 창간호, 1968. 9. -유고시

성산포(城山浦)

다리를 건너는 듯
십리(十里)를 바다 위로 가는 길
석산(石山)이
성벽(城壁)처럼 막아섰다고
성산포(城山浦)라 한답니다.

갈대 우거진 곳에
갈매기 나는 것은
우중(雨中)이라 더욱 흥(興)겹고
여관(旅館)집 아가씨 받쳐주는 우산을
가슴 두근거리며
남은 일출(日出)을 보는 곳이라지만
우리는 같이
우중성산(雨中城山)을 보다.

* 『문협』 창간호, 1968. 9. -유고시

서귀포(西歸浦)

그 물빛을
에나멜 크린 화이트라 한다더라.

옥(玉)에서 람(藍)이 비끼고
감(紺)에서 보라가 솟구쳐

깊이 모를 물속은
신비(神秘)의 궁전(宮殿)

무엇 때문에 불어오는
모진 바람이기에
조화(造化)는 바다는 절벽(絶壁)을
씹어 백사(白沙)를 뿜는고.

서귀포 칠십 리에 물새 우는
소리는 들리지 않는데
밤을 새워 우는
우람진 파도소리에
화음(和音)하는 폭포(瀑布)들의 낙수(落水)소리
별빛 아래
수평선(水平線) 넘겨 보다.

*『시문학』 1974. 1. -유고시

삼다녀(三多女)

함박꽃처럼 푸른 젖가슴과
넓적한 어깨며 둥둥 북치듯 덩지란
엉덩이

이 여인(女人)의 모습은 바다의 신비(神秘)
또 저 한라(漢拏)의 상징(象徵)

바람이 제 멋대로 불고
파도는 부단(不斷)한 노(怒)여움을 뿜어
저주(詛呪)에 쌓인
세월이건만
하늘의 맑은 것처럼
수평선(水平線) 그 물이 먼 것처럼
하얀 이빨을 밀고
미소(微笑) 띄워 사람을 본다.

* 『시문학』 1974. 1. -유고시

해안목장(海岸牧場) 풍경 A

먼 역정(歷程)의 세월(歲月)을 돌담에
아로새겨 말이 없어도

말과 소는 서로의 모색(毛色)대로
나날을 산다.

육수(陸水)가 얕아서 바다에 들면
찰싹
파도를 입는데

엄매—
울어도
어미는 돌보지 않고

구름이
수평선(水平線) 위에 있을 뿐이다.

*『시문학』 1974. 1. -유고시

4부

수필 <화인장산화(花人莊散話)>

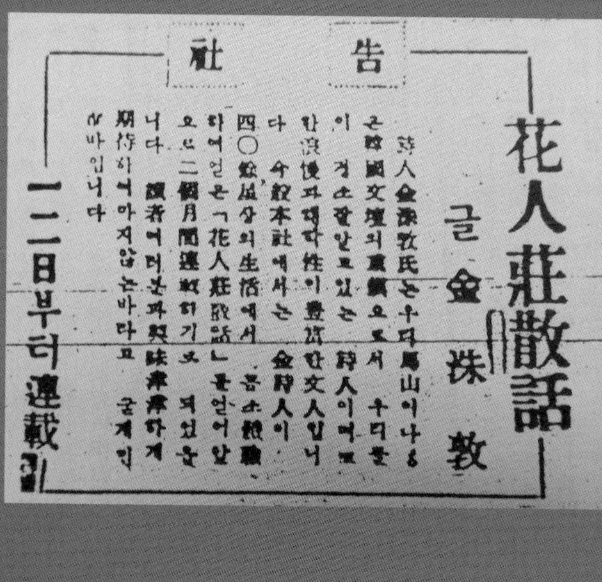

社告

花人莊散話

글 金洙敦

詩人金洙敦氏는우리馬山이나흔 큰韓國文壇의重鎭으로서 우리들이 잘 알고 있는 詩人이며 또 한 浪漫과 대한 性이 豊富한 文人입니다 今般本社에서는 金詩人이 四〇餘星霜의 生活에서 몸소 體驗하여 얻은 「花人莊散話」를 얻어 앞으로 二個月間 連載하기로 되었읍니다 讀者에 더불어 興味津津하게 期待하여 마지않는 바이고 굳게 믿는 바입니다

一二日부터 連載

대춘부(待春賦) 1

봄을 기다리는 것은 겨울이 지루한 까닭만에 있는 것은 아니다. 양지 바른 창(窓)가에 화로를 내어놓고 훈훈한 숯불을 지펴 무료히 진종일을 한적(漢籍) 따위나 뒤지다가 게으름이 오면 가위를 들고 뜰에 나가 매화(梅花)가지를 꺾어 수반(水盤)에 심어본다. 봉오리도 채 여무지 않은 것인데 당장으로 향기(鄕妓)를 뿜고 꽃을 벌릴 듯 흐뭇하여 온 방안은 화기에 쌓인다. 해가 서쪽으로 기울어 사양(斜陽)이 더욱 다채로울 무렵 서창(西窓)에 때가 묻지 않았으면 더욱 정경(情景)은 호화스러워 술을 따뜻하게 데워두고 벗이 오기를 기다리는 흡족한 심경(心境)이 될 수도 있는 것이다.

그러나 모든 상태는 정반대로 되어 있다. 날이 맑든 흐리든 햇빛이라곤 들어오지 않는 음달에 집이 섰다는 것부터 숙명적인 궁상(窮相)인지 모른다. 산에 나무를 벗기지 않아도 연탄(煉炭)이란 놈의 혜택을 입어도 좋으련만 그것이 가난한 아내의 채산(採算)으로선 구들 밑으로 들어갈 여유는 없는 것이며, 그 위에다가 낡고 헤어진 창(窓)은 모진 삭풍을 몰아넣는 구멍은 될지라도 석양을 받는 낭만의 창(窓)은 되지 못한다. 뿐만이 아니다. 속담에도 '등 따시고 배 부르면 산다'고 하였으나 그 등이 이렇게 추운데 조반석죽(朝飯夕粥) 그나마 이어가지를 못하니 엄동설한(嚴冬雪寒)이란 문자 그대로 가증(可憎)의 대상이요 불구대천(不俱戴天)의 원수(怨讐)의 모습일 뿐이다.

세상은 모든 것이 잘살자는 희원(希願)이요 백성은 행복하기가 지상(至上)의 소망인데 이것을 메꾸어줄 아무런 소망은 없는가. 일찍이 원죄(原罪) 이후로 인류의 노력이 이 생고(生苦)에 집결하여 오늘에 이르는 동안 수많은 정치 경제 산업을 연구하였고 그것을 위하여 더욱 수많은 철학과 도의(道義)와 사상(思想)이 생장하였고 가지가지의 혁명(革命)이 이룩되어 온 것이며 마침내 지상천국(地上天國)의 염원은 내세(來世)에 대한 꿈으로 연장되어 종교적 신앙에 이르지 아니하였는가.

민주주의(民主主義)는 모든 인민에게 한가지로 행복을 주려는 원칙인즉 인민의 이름으로 내어세운 정부나 정치하는 사람이 이 일을 무심히 보고 있을 수는 없을 것이다.

휘몰아치는 바람결에 오싹 몸을 움츠리고 걸으면 그렇지 않아도 구부등한 내 체격이 더욱 굽어들어 초라하기 한량없을 것을 스스로 느끼면서 길을 걷다 같이 오무려뜨린 R형을 향하여 '춥어서 못살겠네 봄이라도 빨리 왔으면 오죽 좋겠나'라고 하였더니 R형은 무슨 말인지 중얼중얼하다가 '쓸데없는 소리 하지마아 추위가 오래 가고 봄이 늦게 와야 내가 산다.' 이 말만은 똑똑하게 하고는 쉬이 알아차릴 수 없는 표정으로 얄궂은 웃음을 웃었다. 이유인즉 날씨가 추워야 R형 부인이 경영하는 털실짜기 사업이 더 잘 될 것이며 그래야 R형의 그 얄궂은 부수입(부인에게 담배값 얻는)도 쉽게 된다는 것이다.

봄을 기다리는데도 벌써 훼방자가 생겼다. 추위에 못 견디어 봄을 기다리는 마음이여, 어찌 깨닫지 못하는가. 가난 그것으로 말할 진데 꽃피는 봄이 와서 새 기운 돋고 범나비 춤이 아름답다할지라도 벌써 절량(絶糧)의 우리네 살림살이에 춘삼월(春三月) 긴긴 해를 어떻게 보낼 것인가. 기다리는 봄이나 안타까운 봄이여 털실짜기 사업이 잘 안되더라도 걱정없이 살 수 있는 봄이여 R형에게 오라. 그리고 나에게도 그 누구에게도 온 겨레에 고루고루 행복의 봄이여 오라.

* 『마산일보』 1961. 2. 12.

대춘부(待春賦) 2

답답한 해를 보낼 때마다 이 해가 얼른 갔으면 하고 새해부터는 무슨 뾰족한 수가 생길 듯 궁리하는 버릇이 있다. 설마 내년은 하고 벼루며 그것만으로 괴롬도 제법 선연히 면하여 지듯 개운하여지기도 한다. 그럴 때마다 그 이유(理由)를 부쳐 나이 수짜 푸념 십간십이지(十干十二支)에다 또 무슨 이유 무슨 까닭… 그러나 못된 해와 잘될 해의 교대(交代)는 쉽게 오지 않는다 하여 나는 유물사관(唯物史觀)이란 어마어마한 학리(學理)를 모르고도 신불(神佛)의 가호(加護)를 원(願)치 않으며 더욱 잡신잡귀(雜神雜鬼)의 요미(妖迷)한 도움이 있으리라곤 처음부터 부인(否認)하고 든다. 대개 나의 이러한 생활신조는 한해 두해가 아닌 오랜 체험(體驗)에서 오는 것이어서 미련한 아내마저 아무리 궁해도 이런 따위 수작으로 수선을 떠는 법은 없어 문거리 점경같은 것은 아직 치룬 적이 없고 장난으로도 토정비결(土亭秘訣)을 물어보는 일이 없다. 그런데 지난해는 내 평생(平生)을 두고 지나온 생애(生涯) 가운데서는 가장 고난스러운 1년이었다. 앞으로 더할 고생이 있을지 모르는 일이나 만일 꼭 있다고만 해야 한다면 인생 전체를 기념(祈念)하는 것이 좋을지 모를만치 괴로운 해였다.

필연으로도 3월 15일 사월혁명(四月革命)의 역사적 시간을 통과하면서 내가 살아온 삶의 무의미와 낭비와 허위와 또 많은 비굴 같은 것에 새삼스럽게 아연실색(啞然失色)하지 않을 수 없었고, 거기에서 재출발(再出發)해 보려는 도정(途程)에는 너무나 현실이 부조리(不條理)하였다. 악몽(惡夢)에서 깬 서울은 또 하나의 악몽으로 이끌리어 가고 있을 뿐으로 이 계량할 수 없는 심연을 어떻게 애써도 헤어날 수가 없었다. 그러나 우리는 문화나 예술을 창조하는 의의를 알고 있으며 인류의 역사적 운명이 발전하여 가는 방향과 법칙의 당연을 알고 있는 것이다. 그러면 오늘의 예술문화의 사명(使命)이 무엇이며 민족의 진로(進路)가 어디 있다는 것도 자명한 사실이 아닌가. 실로 암담한 것은 가고 광명(光明)한 것은 다가오고 있는 것이다.

그럼에도 불구하고 나는 실의(失意)의 사람이 되어 호구(糊口)에 급급한 채 굶주림을 되씹고 집안 식구들에게 짜증만 부린다. 이 틈을 타서 아내가 제법 신중한 어투로 거기에도 그럴듯이 말하는 것이다.

"여보 고집도 왠만하구려. 글쎄 마가 붙었다니깐 그걸 물어야 해요. 그러면 3월 쯤 해서 동쪽에 귀한 사람이 나타나서 마음먹은 일을 도와준 데요."

그 마귀(魔鬼)를 풀자면 무엇을 어떻게 해야 하는 것일까. 처용(處容)을 불러다 춤을 추랴. 어리석은 아내의 얼굴에 가벼운 경멸(輕蔑)의 미소(微笑)를 띠어주고 생각하여 본다. 내 마음에 먹고 새기고 있는 것이 무엇일까. 그리고 눈을 감아본다. 그렇다. 좋은 시(詩)를 쓴다. 연극(演劇)도 하겠다. 그리고 내 고향 마산(馬山)의 어느 풍치 좋은 땅을 택하여 대문화(大文化) 센터를 만드는 것이다.

소공원(小公園)이 주위(周圍)가 되고 중앙(中央)엔 광장(廣場)을 둔다. 거기에 3·15기념탑(記念塔)을 높이 세우고 넓은 길을 닦아 한쪽으로 도서관, 한쪽으론 시공관(市公館), 또 한쪽으론 박물관 및 미술관이 근대적 건축의 극치를 자랑하고 설계되고 가까운 교외에 공설운동장이 마련되어 이 광장과 직결한다!

오호석재(嗚呼惜哉)라. 일장춘몽(一場春夢)이었구나! 노생(盧生)이

갔던 숙사(宿舍)에서 도사(道士) 여(呂)옹의 베개를 베고 누웠더니 □대(□帶)하여 연국공(燕國公)으로 봉(封)하게 되매 다섯 아들 낳고 부귀영화를 다하였다. 깨어보니 꿈이라던 그 꿈만 꾸었던가. 노생의 꿈은 숙부(宿婦)가 황채(黃菜)의 밥을 짓는 사이에 불과하였다 하여 허무(虛無)타 하지만 3월이란 봄이여.

나에게도 동방의 귀인(貴人)을 모시고 와서 꿈일지라도 아름답고 화려한 꿈을 꾸게 하라.

*『마산일보』 1961. 2. 14.

대춘부(待春賦) 3

항상 현실은 각박한 것으로 마련이요, 이상(理想)이란 걷잡을 수 없는 어렴풋한 얄미운 꿈이기 일쑤다. 각박한 것은 절실하나 꿈은 아름다워서 그렇게 상극(相剋)하면서도 현실과 이상은 사람의 마음자리에서 표리(表裏)가 되고 전후(前後)가 되고 상하(上下)가 되어 헤어질 줄 모르고 살아오는 것이다.

고금동서(古今東西)의 모든 삶은 이것들로 인하여 이처럼 호화찬란(豪華燦爛)한 이야기를 꾸며온 것이니 이야기가 없으면 인생(人生)이란 참으로 무미(無味)한 사막에 '오아시스'가 없음과 다를 수 없는 것이다.

신라 서라벌 협산(挾山) 기슭의 한 초가집에 살고 있는 옹주(翁主)가 있었는데 누더기를 백 군데를 기워입고 산에 칡뿌리를 캐어 먹으면서 새벽부터 일어나면 글 읽고 때로 거문고를 타고 세월을 보내는지라. 이웃 동리 사람들이 그 가난함을 멸시하여 백결(百結)이라고 하지만 그래도 군자(君子)의 품행과 학문을 섬기는 갸륵함을 찬송하여 함부로 부르지 않고 선생의 칭호를 부쳐 '백결 선생' 하였다.

평소에 이렇듯 글 읽고 거문고 타는 것밖에 달리 생업(生業)이 없으므로 가난이 씻은 듯 맑아 쌀 한 톨의 여유가 있을 리 없었다.

마침 설 명절이 다가왔는지라. 이웃에서는 가지가지 음식도 마련하거니와 떡을 찧으라고 집집마다 방아소리 요란하므로 부인(夫人)이 저으기 섭섭하고 답답하여 '모두들 떡을 찧는 방아소리 요란한데 우리는 이렇게 잠잠하니 이웃 보기에 부끄럽소이다.' 하였다.

이 말을 듣고 백결 선생은 잠시 얼굴에 측음(惻陰)한 빛을 보이더니 이내 너그러이 웃으며 하는 말이 '여보 부인 그 빈 방아나마 찧어 보시구려' 하였다. 그 말을 들은 부인은 무슨 영문인지도 모르고 빈 방아를 찧기 시작했다. 이웃집 방아소리는 철썩 철썩 찰떡 소리가 나는데 백결 선생 집 방아는 쿵더쿵 빈 방아소리 나는 것. 그래도 부인은 방아를 쉬지 않는데 백결 선생이 일어나 거문고를 뜯고 방아 찧는 부인 옆에서 거문고를 타며 노래를 불렀다고 한다. 빈 방아소리도 처량하였으려니와 이에 맞추어 부른 백결 선생의 노래가 얼마나 오장육부(五臟六腑)에 사무쳐 구곡간장(九曲肝腸)을 씻는 가락이었으랴.

가난한 것은 그에게 가혹한 현실이었으므로 그것은 피할 수 없는 절벽(絶壁)이었을 것이다. 그러나 꿈이 있었던 것이었다. 비록 굶주리고 헐벗을지라도 내일을 향하여 열린 저 서광(瑞光)의 한 줄기를 위하여 고난을 참고 견디자는 것이다. 이것은 이상(理想)의 마지막 보루이니 무너지면 오욕(汚辱)과 비굴(卑屈)과 그보다 더 멸시해야 할 치욕이 아가리를 벌리고 있는 것이다. 이 선(線)을 지키기는 어렵다. 그러나 지키는 사람만이 오직 피안(彼岸)의 영광을 얻는 것이다. 그것이 명예나 지위나 권위를 얻는 것으로 대가(代價)될 일도 아니다. 나대(羅代)의 찬연한 문물이 수천 년을 두고 전하여지고 왕후장상(王侯將相)과 시인묵객(詩人墨客)의 이름도 하늘의 별처럼 수다(數多)하다. 그러나 삼국유사(三國遺事)에 백결 선생이라 기록되었을 뿐 이름도 성(姓)도 없다. 더욱이 그의 절실한 현실생활이며 동시에 그의 꿈이요 구원(久遠)한 이상의 표현이었던 그 노래마저 전하지 못하였다. 승(僧) 일연(一然)의 전기(傳記)가 아니었으면 그대로 송두리째 우리의 알 바 없는 존재였을 것이다. 오늘날 항간에서 부르는 방아타령이라는 것도 그 기원을 백결 선생의 그것에 두되 상거(相距)하는 바 멀다. 요(要)는 신라사람 백결 선생의 정신적 분신(分身)이 오늘에는 없는가. 이것을 희구(希求)하는 것은 오히려 사치스러운 생각이 될 것인가. 아니다. 여전히 오늘이 있으면 내일이 있다는 것을 믿고 살아야 할 것이다. 부풀어 오르는 매화(梅花) 봉오리에 신라 사람의 꿈을 달아보는 아침이었다.

*『마산일보』 1961. 2. 15.

대춘부(待春賦) 4

뜰에 한 그루의 늙은 매화나무가 있다. 작년 이맘때쯤에는 제법 봉오리가 토실토실하여 보기에 탐스러웠던 것이 금년은 아직 밋밋한 가시에 움이 맺지 않아 보기에도 서운하여 이젠 꽃이 피지 않을 것인가 걱정스럽기도 하다. 삭막(索漠)한 겨우살이에 더욱 대심(大甚)한 생활의 고초가 겸하여 모든 일에 따가운 정(情)이 가지 않아서 지난해는 창문이 찢어지거나 장판이 헤어지거나 돌보지 않고 지냈다. 더욱 방모서리 낡은 책상 위엔 펴보지 않은 책 몇 권이 먼지에 싸여 있을 뿐 쉬지 않고 괴롭고 쓸쓸한 생활의 표정이 되어 적이 민망스럽다. 군자(君子)가 삼일 책을 읽지 않음은 삼일 낯을 씻지 않음과 같다고 선현(先賢)은 말하였으나 아침 일찍 낯을 씻고 동분서주(東奔西走)하여 하루를 보내고 늦게까지 소득(所得)이 없어 허느적거리다가 벗을 만나 홧김에 술 한 잔 진뜩이 마시고 집이라고는 찾아가서 아무렇게나 쓰러져 자고나면 또 같은 나날의 되풀이를 하는 것이고 보면 책을 읽을 새가 없는 것은 부득이한 일, 스스로 군자로 자처하는 바 아니로되 글로써 평생을 살아와서 불혹(不惑)의 나이를 넘기고도 새삼 호구에 사로잡혀 선현의 가르침을 거역함에 짝이 없이 부끄러운 일이다. 그러고 보면 먼지 앉은 책상머리에 앉아 볼 때마저 없는 것이다. 간밤에 벗들과 술 한 잔을 나누면서 이젠 쑥스럽게 돌아다닐 것이 아니라 책을 읽고 글을 써야 하겠다고 했다. 혼자서 해야 할 명서(盟誓)를 남의 앞에서 공표(公表)하므로 얻어지는 자위(自慰)같은 수작인 것이다. 그것으로 하루 이틀 쯤은 자책(自責)이 되는 수가 있는 것인지도 모른다. 무슨 책을 읽으랴. 신간(新刊)이 선더미처럼 쏟아져 나오나 그것을 살 돈은 없다. 설사 몇 권을 구한다

하더라도 그렇게 달가워질 거 같지가 않다. 퍽 나아졌다고 하는 번역물도 아직은 마음에 흡족하지는 않다. 이론서는 따분하고 창작물은 시시하다.

근자(近者)에 좋은 창작소설이 나오지 않는 까닭은 무엇인가. 해방과 더불어 소생했던 민족정신이 복구사상(復舊思想)으로 봉건화(封建化)하려는 위기를 겨우 면했다고 생각할 무렵 6·25동란을 겪어 다시금 우리네의 정신상태는 격동하지 않을 수 없었다. 이대(二大) 사조(思潮)가 세계사상의 대표적 영도권(領導權)을 쥐고 있으나 우리들의 정신적 저류(底流)에서는 물 위의 기름이란 것을 자각케 하였고 휴전(休戰) 이후의 실존주의사상과 결부되어 젊은 사람들의 심각한 사고(思考)를 자아내게 하였다. 그것은 자아의 마지막 보루가 된다고 생각하는 한편, 극도의 이기주의화(利己主義化)하는 수도 있었다. 그리하여 사회적 정의(正義)나 도의심(道義心)이 땅에 떨어졌다고 교육자들은 탄식하였다. 자유부인(自由夫人)이나 춤에 미친 대학교수나 매춘(賣春)하는 여대생 그리고 교사를 구타하는 중학생이 출현하여 시대사조(時代思潮)는 흥분하여졌다고 우려하였고 일부에서는 모든 사회악(社會惡)이 젊은 '이데올로기'를 타락시켰다고 논단했다.

그러나 4·19학생의거는 여기에 청천벽력을 내렸던 것이다. 부정선거에 대한 또는 독재정당에 대한 분노는 두말할 것 없이 의거(義擧)의 도화선(導火線)이 되었다고는 하겠지마는 그것보다 더 큰 문제는 이 나라의 젊음이 우리네 사회에 대하여 던진 폭탄적인 선언이었다.

세계의식에 올라서려는 정의의 화살인 것이었다. 정치적 의미에서 보다 인간적인 혁명을 부르짖고 나선 것이다. 오늘 우리가 수행해야 할 과제는 실로 이 인간혁명이다. 이 문제를 다룰 좋은 소설가는 없는가. 기다려지는 봄과 더불어 기대하는 과업(課業)이다.

*『마산일보』 1961. 2. 17.

대춘부(待春賦) 5

인간혁명(人間革命)의 주제는 애정(愛情)에 있다.

일찍이 사도(使徒) '바울'이 사랑은 아낌없이 주는 것이라고 외친데 항거하여 '유도무랑(有島武郎)'은 사랑은 아낌없이 빼앗는 것이라고 대어들었다. 예수는 이웃 사랑하기를 내 몸과 같이 하라. 만일 이웃을 위하여 목숨을 버리면 그보다 더 큰 사랑이 없다고 하였다. 그러나 생각하여 보면 사랑이란 주는 것만은 아닐 것 같다.

또한 빼앗는 것뿐일 수도 없다.

준다는 것이 동시에 빼앗는 것의 조건이 될 수도 있고 이유가 될 수도 있지 아니한가. 받았기 때문에 불가불(不可不) 돌려주지 않으면 안되는 경우가 실로 많은 것이다. 미국 사람들은 이것을 경제적으로 잘 이용하는 국민이라고도 한다.

사랑이란 것은 그 형태부터가 또렷하지 않기 때문에 표현도 형형색색으로 참으로 걷잡을 수 없는 것으로 동양 사람들은 체념하고 있는 것이다.

'사랑이 모나더냐 둥글더냐'고 생각하여 보기도 하지만 마침내 그것의 정체를 알 수 없었고 그것을 더 이상 캐낼려고는 하지 않는다. 다만 한량없는 깊이 그 무궁한 넓이 또 구원(久遠)한 섭리를 때로 찬송(讚頌)하고 때로 탄식하여 기뻐하고 슬퍼할 따름이다.

"이화(梨花)에 월백(月白)하고 천은(天銀)도 삼경(三更)인데 일지춘심(一枝春心)을 자규(子規)야 아랴마는 다정(多情)도 병(病)인양 하여 잠 못 이루어 하노라."

자연의 풍물과 계절의 섭리에까지 인정(人情)이 미쳐 다정다감하여 잠을 이루지 못함은 풍류(風流)라고도 하겠고 시정(詩情)이라고 하겠기에 얼핏 봉건제도(封建制度)하의 사람들의 낭만으로 돌릴 수도 있으나 생각하여 보면 동양 사람의 애정이란 이런 것이라고 단념하지 않을 수 없는 무엇이 있다 마침내 병(病)이 되는 것이다. 이런 심정(心情)이 서구의 사람에 전연 없는 바는 아니어서 가령 '하이네' 같은 사람도 "언제 어느새 어떻게 들어왔는지도 모르게 내 가슴속에 들어와 자리잡고 있는 것 그것이 사랑이란 것일까"라고 하였다.

그러나 대체로는 사랑이란 동양 사람의 정신 속에서 더 참된 모습으로 사로잡혀 있는 것으로 생각이 된다. 그처럼 뺏고 주고 하는 것을 초월하여 준다고도 하지 아니하고 달라고도 하지 않는 무아무타(無我無他)의 삼매경 속에 있는 것이다. 인간이 인간으로서 가져야 할 마땅한 권리를 주장하는데 민주주의의 법칙이 있는 것이라면 참으로 장구(長久)한 시간을 두고 우리는 그것을 상실한 채 살아왔다. 신(神)에 의하여 교회(敎會)에 의하여 과학(科學)에 의하여 황금(黃金)에 의하여 독재권력(獨裁權力)에 의하여-

이 상실된 인간의 조건을 도로 찾음으로써 그 가치를 바로잡아야 하겠다는 것이 인간혁명(人間革命)의 이유이다. 사월혁명(四月革命)이 혁명이란 이름으로 부를 수 있다는 것은 오직 이 점뿐이다. 그것도 혁명의 주체가 이 나라의 젊은 학도들인데 그들은 정치적인 과업에 주동(主動)하지 않는다. 다만 사회의식의 방향에 기치(旗幟)를 들었다. 인간이 인간의 조건으로 살아야 한다는 것에 의분(義憤)을 느꼈고 그것을 위하여 결행했던 것이다. 그것을 완수하는 것은 애정(愛情)으로 단결되어야 한다는 것이다. 인류가 겨레가 공동으로 잘 살 수 있는 체제를 요망한다는 것이다. 이것은 서구(西歐) 사람의 사고(思考)에는 또 불순(不純)한 것이 개입(介入)되어 있다. 우리는 다시 한번 우리들의 핏속으로 흐르고 있는 애정을 재정리(再整理)해봐야 할 것이다.

*『마산일보』 1961. 2. 18.

대춘부(待春賦) 6

일본의 어느 시인의 보고문(報告文) 가운데 이런 말들이 있었다. 그들의 신생활운동(新生活運動)에 참가하는 어느 '데파트' 여근무원(女勤務員)의 이야기다. 그녀가 직장의 노동조합이나 '서클'에서 활동하는 것을 '여자답지 않다'고 그녀의 아버지가 몹시 책망하였다.

그러나 그녀는 그 책망에 대하여 굽히지 아니하였다. 마침내 그녀의 아버지는 폭력의 힘을 빌려서까지 가책했다. 다음날 그녀는 얼굴에 상처를 입은 채 출근하여서 다시는 집에 돌아오지 않을 것을 결심했던 것이다.

'적은 봉급이지만 그것으로도 능히 혼자 살아갈 수는 있다. 더 어려운 일이 생기더라도 직장의 벗들이 도와줄 것 아닌가.' 이렇게 결심한 것을 친구들에게 이야기했던 것이다. 그런데 이야기를 들은 친구들의 결론은 이러 하였다고 한다.

'그러나 처녀의 몸으로 집을 나와서 독립(獨立)하는 것은 정당하지 않다. 아버님에게 더욱 극성으로 타이르고 아버님의 흥분을 진정시킨 다음 이해를 얻도록 하라. 아버지도 우리들과 똑같은 계급의 사람이지만 다만 그 분은 낡은 사회제도 속에서 살아왔기 때문에 생각하는 것이 다를 뿐이다. 그에게 그의 감긴 눈을 뜨게 하여 주고 자기 스스로를 판단할 수 있도록 도와주는 것이 자식된 사람의 의무다. 괴롭고 힘들더라도 그렇게 노력하기로 우리들 친구들도 조력하겠다. 그것이 우리의 '새로운 사회'를 건설하는 오직 바른 길이 될 것이다.'

이것을 옮기는 이유는 간단하다.

우리에게도 '새로운 사회'를 건설해야 할 의무가 있다. 위에서

옮긴 일본 처녀의 경우를 얼핏 생각하면 무슨 수신제가(修身齊家)하는 구사상(舊思想)과 타협(妥協)하려는 점진주의적(漸進主義的)인 사고(思考)가 될 우려가 있지 않느냐고도 생각된다. 그러나 다시 생각하면 우리들의 인간혁명의 과제가 여기에 내포되어 있는 것이다. 반대하는 아버지나 그 반대를 극복하여야 할 딸의 경우가 한가지로 같은 계급이란 점이다. 우리가 잘 살자는 것이 지상의 명제인데 거기에서 너를 버리고 나만 잘 살 수는 없는 것이다.

피비린내 나는 동족상쟁(同族相爭)의 피투성이 싸움이 해결할 문제의 관건이 아니고 오히려 동족애(同族愛)의 두터운 우애(友愛)가 이것을 해결할 수 있는 것이다. 젊은 사자(獅子)들의 호소가 바야흐로 통일문제로 비화(飛火)함에 우리의 각성이 이에 이르지 않으면 안될 것이다. 구두선(口頭禪)으로 북진(北進) 통일하려던 독재자의 이기주의를 버린다면 지금 통일을 부르짖는 저 소리를 귀 기울여 들어야 할 것이다. 그 주인공은 이북(以北)에 토지를 두고 온 지주(地主)도 아니요 처자(妻子)를 두고 온 사람들도 아니요 더욱 공산당(共産黨)을 영접하려는 사상가(思想家)가 아닌 것이다. 이 젊은 사자들의 혈관에 상통하는 피의 애정적(愛情的) 호소에 다름할 뿐인 것이다. 세계가 한 발자국씩 진향(進向)하고 있는 그 의식의 저류가 여기 노출된 것이다. 여기에는 새 사회에 대한 새로운 도덕이 발생하였고 그것을 통하여 이룩되어 가는 궤도가 있는 것이다. 자식이 그 어버이를 구하고 아우가 그 형을 구하려는 애정의 궤도인 것이다. 눈이 먼 겨레의 눈을 띠우려는 의식이며 활동인 것이다. 우리의 노력이 집결되면 될수록 이 땅에 참된 봄이 올 것 아닌가. 내 한 사람보다 너와 같이 너뿐만 아니라 우리 모두 다같이 이 땅에 사는 보람에 겨웁다는 심정을 오는 봄에 부쳐보련다.

*『마산일보』 1961. 2. 19.

대춘부(待春賦) 7

'지금 곧 행동하지 않으면 안 된다.'

이 말은 '아인슈타인' 박사가 1948년 그의 「지식인에 대한 메시지」에서 던진 말이다.

'새로운 사회'는 서서히 또는 급격히 세계의 전역에 걸쳐 이루어지고 있는 것이다. 20세기가 구상한 가장 현명한 지성(知性)이 이 의식사업(意識事業)에 동원되고 있다.

과학의 발전이 극도에 이르러 원자핵(原子核)의 광범위한 이용이 인류의 생명력에 급박(急迫)하려는 한 면(面)에 대치하여 우주여행의 온갖 연구가 유구한 인간의 꿈을 드디어 현실화하려고도 한다.

실로 인간의 지혜가 도달할 수 있는 한도(限度)의 극치를 이루고 있다 할 것이다.

생멸하는 사상과 역사의 조류에서 인간의 능력이 이렇게 거창한 것으로 '클로즈업' 되기는 어렵던 것이다. 그러나 한편으로 다시금 현대의 위기를 두려워하지 않을 수 없다. 스스로의 창조에 의한 무한지(無限址)의 이 인간 두뇌로 말미암아 스스로의 묘혈(墓穴)을 파고 거기에 쓰러질 스스로의 운명에 대하여 모발(毛髮)이 쭈빗 서는 것을 느끼고 소름이 치민다.

그것은 과학의 발전 그것만으로 인류의 행복이 보장되지 않는 까닭이다. 오히려 현대의 불행은 과학의 급속한 발전에 정치나 사상-일상적 생활과 심미적 윤리적 도덕적인 사상-이 병행(竝行)해 가지 못하는 점에 있다고 할 것이다.

원자폭(原子爆)의 실험이 또는 우주 연구의 경쟁이 일진월장(日進月長)하는데 비하여 국가와 국가의 사이 또는 민족과 민족의 사이

관계는 수세기를 두고 같은 상태(狀態)에 놓여 있는 것이다. 뿐만이 아니라 인간 스스로가 해득(解得)한 과학의 비밀이 전인류의 운명을 어떻게 좌우할 것인가 하는 것에 대한 영향을 깊이 생각하고 이에 대한 해결책을 세워 보려는 심오(深奧)한 사료(思料)가 없다.

그것은 과학 그것만으로 해결될 수 없는 것으로 더 깊은 심미적 윤리적 도덕적 비판의 평가가 따라야 할 것이다. 우리가 쌓아 올린 문화의 장구(長久)한 진가(眞價)가 여기에 있음에도 불구하고 이 탑(塔)에 의하지 않으려 할 뿐 아니라 오히려 이 탑을 무너뜨리려는 것이다.

탑의 둘레는 때로 예술이 되고 종교가 되고 철학이 될 수도 있는 것이다. 이 광장의 사명을 현명하게 이용하여야 더 넓은 시야에 의하여 내일을 볼 수 있는 것이다.

오늘이 아무리 절박하다 할지라도 내일을 보고 그 날을 기다리는 사람에게는 희망과 소원이 있는 것이다. 그것을 위하여 고난도 감미로울 수 있는 것이다.

4·19 이후 우리들의 생활 주변에 달라진 것이 무엇인가. 혁명이라고 이름 부쳐줄 무엇이 또렷하게 보이는가. 정치적으론 민주당(民主黨)이란 같은 보수정당에 집권이 교착되었을 뿐이다. 민생(民生)은 다름없이 도탄 속에서 허덕거리고 아우성 속에서 사회악(社會惡)이 심각할 뿐이다. 이것으로 혁명은 못된다. 그러면 무엇인가. 4·19의 참 소득은 정치적인 것에 있지 않다. 그것은 서서히 또는 급격히 이루어져 가고 있는 새로운 사회에 대한 우리들의 참여 즉 사회의식의 자각(自覺)인 것이다. 인간혁명이라고 부르는 까닭이다.

'지금 곧 행동하지 않으면 안된다.'

'상대성원리(相對性原理)'를 발표하여 현대과학의 조종(祖宗)이 된 '아인슈타인' 박사가 '세계정부(世界政府)'를 구상하면서 세계 지식인에게 준 이 말을 우리는 어떻게 받아야 하겠는가.

*『마산일보』 1961. 2. 21.

춘심초(春心抄) 1

음력(陰曆) 섣달 그믐께를 고비로 몹시 춥더니 초정(初正)부터 훈훈한 바람이 남쪽으로부터 불어와서 제법 봄 기분이 돈다.

하루 하루 기후(氣候)에 이렇게 마음이 쓰이는 것은 나이의 탓일까. 함박꽃송이 같은 눈이 훨훨 날리는 날에 외투 깃을 세우고 혼자 거리를 걷고 산에도 올라보고 또는 몹시 맵고 따가운 추윗날에 한참 쏘다니다가 해 저물어 수삼(數三) 벗과 활활 달은 난로(暖爐)가에 앉아 빙수(氷水) 같은 맥주를 마시는 것도 즐겨 하여온 취미(趣味)던 것이 이제는 장닭 꼬리만 치겨져도 구들 밑 제일 따뜻한 곳만 찾는 버릇이 되었으니 스스로 체력이 견디지 못하는 까닭임을 깨닫고 쓸쓸함을 금하지 못한다.

달력만으로는 제법 봄이 분명하려는데 아직은 그렇지 않다. 밖에서 아이들 소리가 요란한 것으로 오늘은 좀 풀렸다 짐작이 되고 그렇지 않을 때면 그대로 오물어버리고 마는 것이다.

'춥다고 오므리고 들어 눕기만 할 게 아니라 좀 용기를 내여 일어나 움직여 보면 오히려 추운 줄을 모른다.'고 아내가 짜증을 낸다.. 그렇다. '있는 자에게는 더 주어 풍성하게 하고 없는 자에게는 있는 것마저 빼앗아버린다.'고 예수는 일찍이 하늘이 사람 돕는 법칙을 밝히지 아니 하였는가. '스스로 돕는 자를 하늘도 돕는다.'고 '카아라일'이 그 말을 부연한 것이다. 비단 추위뿐이랴. 매사에 다그칠 것이다.

하여 이불을 차고 벌떡 일어나 본다. 유리창 밖에 아직 움이 터지 않는 나뭇가지들의 틈으로 바다가 보인다. 보얗게 '화이트'를 깔아놓은 것 같은 바다 위엔 흰 돛단배 한 척도 없다. 하늘 건너 산과 이쪽 기와지붕 사이에 깔려져 있는 분명 바닷물일 저 시야(視野)를 바라는 것이다. 그것은 어떤 한량(限量) 속의 면적(面積)이면서 무한(無限)의 것인지도 모른다. 저기서부터 출발하면 어디에 가서 닿는 것일까. 내가 아는 지리학(地理學)의 범위는 지정학(地政學)의 세계를 넘지 못한다. 더욱 신기한 것은 조금 전까지 '화이트' 그것으로 깔아놓은 것 같았는데 얼마 아닌 시간이 흐른 뒤 산 밑쪽으로 획선(劃線)을 두고 새파란 흐름이 생겨 나왔다. 그뿐이 아니다. 그 흐름을 타고 이 조그마한 수면(水面)의 시계(視界)에는 전연 어울리지 않는 커다란 기선(汽船) 하나가 들어오는 것이다. 적어도 5천 톤 급은 되어 보이는 외국선(外國船)이다. 환상(幻像)과 같은 화려한 풍경이 되고 말았다.

뚜우! 입항(入港)을 알리는 뱃고동 소리다. '봄이 화창하여졌습니다. 뚜우- 뱃고동 소리 들으며 무르익는 봄을 즐길 수 있는 남국(南國)의 항구(港口)가 그리워집니다. 벗도 보고 뱃고동 소리도 듣고 즐기려 한 번 가겠습니다.'

뱃고동 소리 들으러 온다던 그 사람은 지금 어디서 무엇을 하고 있는지.

봄은 남쪽의 선물이라 그 배를 타고 올런지도 모를 일이다. 아이들이 몰려왔다. 고목(枯木)에다 고무줄을 매고 한 끝을 한 놈이 잡고 다른 놈이 뛰는 장난이다.

'봄이 오면 봄이 오면 우리 언니 시집 가세요. 아들 낳고 딸 놓고 행복하게 행복하게 잘 사세요.'

줄 위를 뛰면서 부르는 노래다. 줄뛰기도 열심히 거니와 노래도 열심히 부른다.

아 행복을 희구함이 저렇듯 절실할까. 남녀노소 모두 바라는 것이 행복인데, 봄이여 행복의 상징(象徵)이여!

*『마산일보』 1961. 2. 23.

춘심초(春心抄) 2

늦게 일어나 칫솔을 들고 물을 얻으러 부엌에 들렀더니 아이들의 꽃바구니 속에 쑥이 가득히 담겨 있다. 새파랗다기보다 노랗구무레한 것이 보기에도 부드러워 애들애들한 촉감을 준다. 꽃바구니 속이 환한 색채를 뿜어 먼 산이 가까이 다가오고 아지랑이가 피어오르는 산야(山野)의 정경(情景)이라고 할까. 신기로워서 만져도 보고 코에 가져다 향기를 맡으면 짙은 술에 취한 듯 풋향기가 전신을 감고 돌아 그윽하게 한다. '대체 이것이 뭐냐?'고 귀하고 아리따워서 묻는 말에 아내는 실로 애교없이 '쑥이지 뭐요. 그걸 몰라서 묻는 거요.' 한숨에 쏟아버리고 만다. 몰라서 물은 것은 아니다. 아직 나뭇가지에도 새움이 돋지 않아 안타까운데 어느새 저것들이 저렇게 피어올랐을까 놀라웁기 때문이다. 양지(陽地) 비탈 말라붙은 잡초들 새에 끼어서 땅을 밀고 고개를 갸우뚱 들어 솟아 나온 것인가.

봄은 저것들로 하여 장식(裝飾)되는 것에 틀림없다. 모형(模形)으로 색채(色彩)로 향취(香臭)로 우리들의 오관(五菅)을 사로잡아 주는 것이 계절의 관능(官能)이라고도 하겠다. 더욱 미각(味覺)으로 더한 것은 봄의 소생하는 기분 그것만에 있는 것이 아니다. 물론 새맛으로 먹는다고 하겠지만 새맛도 그 때를 맞춤으로써 비로소 새맛 구실을 하는 것이다. 이제 조금 있으면 이 고장 창원강(昌原江) 바다에서도 도다리 등의 잡어(雜魚)가 진짜 맛을 낸다. 숭어 같은 것도 산란기를 앞두고 기름이 오르지만 그것은 기름이 너무 짙어서 비위에 안맞는 사람도 있을 것이나 이 도다리란 놈은 제때가 온다. 물론 회로 먹는 것이 최상이어서 초장보다는 막장에 찍어 먹는 것이 좋다.

손에 만져도 비릿내가 나지 않으니 귀찮게 젓가락질하지 말고 한

점씩 손으로 집어 먹는 맛이 선미(仙味)에 가깝다. 구마산(舊馬山) 불종거리 '도다리집'이란 선술집은 술맛 분위기로 그만이지만 이집 주인이 마산 토박이라서 그 도다리 맛을 아는 분이므로 한층 더 구수한 술맛을 내는 것일 게다. 또한 이 도다리란 놈으로 새 쑥국을 끓이는 것이다. 아무리 비싼 생선이나 고기라도 이 맛을 이기지 못한다. 본래 음식의 맛이란 그 재료의 각자 지닌 맛이 제대로 발휘되어야 하지, 한쪽이 너무 짙으면 한쪽으로 기울고 서로가 각자 짙으면 상살(相殺)되어 원 맛을 잃는 법이다. 말하자면 음식의 그 재료도 궁합이 맞는 것 끼리를 택해야 하는 것이다. 이른 봄철에 먼 곳의 벗이 찾아오면 나는 자랑하여 이 도다리 쑥국과 회를 최상으로 내어 세워 대접한다. 다시 미나리가 날 무렵이 되면 복징어국이 또 좋은 것은 말할 것도 없다. 복징어국에는 반드시 미나리가 들어가야 한다. 복징어 독(毒)을 미나리가 제거하는 까닭이다. 어떠한 의약학(醫藥學)적 근거가 있는지는 모르나 소동파(蘇東坡) 같은 사람도 '하돈욕상시(河豚欲上時)하니 양수생근조(洋水生근조)'라고 시(詩)로서 읊었다. 복징어를 하돈(河豚)이라고 한서(漢書)하는 것도 재미있는 일이지마는 이 놈이 산란할 때는 바다에서 알을 낳지 않고 담수강(潭水江)으로 올라간다는 것이다. 생어(生魚) 가운데는 그런 것들이 많은 모양으로 낙동강(洛東江)도 저 삼랑진(三浪津)까지 올라오는 것은 보통이라고들 한다. 그 산란기의 복징어가 맛이 있을 것은 당연한 일인데 그때는 근조(미나리) 날 때란 것이다. 우주삼라만상(宇宙森羅萬象)에 다 섭리가 있는 것이다.

*『마산일보』 1961. 2. 23.

춘심초(春心抄) 3

우리 고장의 음식에도 멸시하지 못할 진미(珍味)가 몇 가지 있다.

요즘 한참 맛을 내는 미더덕으로 민드는 미너넉씸이다. 이것을 주로 하여 고사리 도라지 콩나물 등의 향기 높은 산채(山菜)를 섞어서 찜을 만드는 것이다.

초봄부터 향기롭고 텁텁한 맛으로 우리의 구미(口味)를 돋구는 것 가운데서도 일미(逸味)가 되는 것이다.

더욱이 이것은 통영(統營) 일대를 빼고는 지방에는 없으니 더욱 귀하다.

미더덕은 식물도 아니고 동물도 아닌 중간적인 생물이라고 한다. 생물학적으로 따질 밑천이 내겐 없으나 산에 산삼이 있고 바다엔 해삼이 있다고 하지만 그 해삼에 못지않는 진짜 보양식물(補陽植物)이라고 한다.

이 미더덕은 우리 고장의 특산물로서 창원강(昌原江) 바다 가운데서도 서쪽 해안 일대에서만 나온다. 즉 진동(鎭東) 고성(固城) 부근뿐이다.

참말인지 거짓말인지는 모르나 이런 이야기가 있다. 옛날 합포현감(合浦縣監)으로 신임(新任)한 어느 원님이 토산물(土産物)을 나라에 상납을 해야 하겠는데 연년(年年)으로 하는 일이라 별로 색다른 것이 없어 매양 뜻이 맞지가 못했다.

이(李) 정권 때 우리가 눈으로 봐서 삼척동자도 아는 일이지만 관리란 놈이 직위나 신분을 좌우하는 마술(魔術)을 백 '퍼센트'로 발휘하는 것이고 보니 이 고을 원님의 바로 생사흥탈(生死興奪)의 권한이 이런 것에 달렸다 해도 과한 말이 아닌 것이다.

지금이나 예나 마찬가지로 우리 고장은 높은 산이 있는 곳도 아니요 깊은 바다가 있는 곳도 아니어서 진시왕(秦始王)으로 하여금 놀라게 할 만한 불로불사(不老不死)의 명약(名藥)이 될 만한 산채(山菜)도 없으려니와 이 바다에서 생어(生魚)회로서야 천하일품이 될 잡어(雜魚)들의 명산(名産)이 있지만 교통이 불편한 그때의 일이라 그것을 상헌(上獻)이라고 서울의 나라님 앞에 보냈다간 그는 도중(途中)에 썩어질 것이니 나라님의 수라상에 그 썩은 접시가 올랐다간 두말할 것 없이 현감의 감투는 고사하고 바로 진짜 산 모가지가 날아가고 연산군(燕山君) 따위의 폭군이 아니더라도 구족(九族)이 몰살당하는 벽력도 아니 당한다 못할 것이고 보면 합포현감이 된 것이 원망스럽기까지 하였다.

이 원님 각방(各房)으로 하여 토산물을 구하는데 어느 해는 구하다 못하여 산삼과 해삼이 모두 삼(蔘)이 다름없으나 해삼은 그 모양이 삼답지 않고 오히려 이 토산 미더덕이란 놈은 그 생긴 꼴부터 꺼무티티한 것이 주렁주렁 매달려 껍질을 벗기면 빨그스레한 피부에 얄궂은 역을 가뜩 품었다가 꼭 짜면 터져서 알만 남는 것도 신기하고 날로 먹으면 거센 듯한 향기란 새봄에 처녀(處女) 치맛자락 스치고 간 뒤의 체취처럼 이상야릇하여 어느 샌지 모르게 젊음을 느끼는 듯한 것이 진짜 산삼(山蔘)과 비길 것이라 생각했다.

그리하여 오쟁이를 만들어 미더덕 수석(數石)을 정중히 상헌했는데 나라에서 받고 보니 괴상한 물건이라 곧 원을 소황(召喚)하여 다짐을 받았다. 원이 하는 말이 '저놈의 정력(精力)은 신통하기로 산삼이 따르지 못합메다. 산삼은 땅에서 캐어 수삼일(數三日)이면 벌써 골아서 마르는 것이온데 저 미더덕은 우리 고을 바다에서 건진 지 벌써 달포나 되었지만 아직 살아 있는 것이외다. 보기에는 죽는 것 같이 축 처졌지만 잠시 손으로 주물거려 보소서. 즉시로 돌기(突起)하옵나이다.' 이리하여 현감은 이것으로 몇 품(品)의 벼슬을 더 얻었는지는 모른다.

*『마산일보』 1961. 2. 24.

춘심초(春心抄) 4

초동들의 지게 위에 진달래가 꽂아질 무렵이 되면 우리네 고장에서는 또 하나의 별미(別味)가 나타난다.

가제란 놈이다. 생김새부터가 애교 담뿍하다. 보기에는 애들애들한 것이 그저 귀엽지만 이 놈은 온 등에 갑옷을 입은 데다가 날카로운 침을 창날처럼 세웠기 때문에 여간 조심성 있게 다루지 않으면 아가씨들의 섬섬옥수(纖纖玉手)가 견디지 못한다.

맛으로는 게와 비슷한 것이지만 초봄 모든 것이 새것으로 보이는 계절적인 풍미에 맞추어 빼낼 수 없는 미각(味覺)의 한 왕자(王子)가 된다.

된장찌개는 서울이 본격이지마는 고기를 많이 쓰기 때문에 남쪽 사람들의 바위에 좀 맞지 않을지 모른다.

그래서인지 가제란 놈을 통으로 난타질을 해서 된장을 엷게 개어 걸러넣고 심심하게 찌개를 한다.

찌개냄비가 부글부글 끓을 무렵에 채소밭에 가서 가늘고 매운 조선파 몇 포기를 뽑아서 곱게 다루어 적당히 잘라서 넣고 향기가 가시지 않은 동안에 밥상에 올리는 것이다. 그 담담하면서 시원하고 그러면서도 혀끝에 짬짬이 배이는 바다의 향취가 서울 사람들의 찌개와는 전연 다른 별미가 가히 선경(仙境)이다.

음식이란 것도 포식(飽食)하여 기아를 면하는 때도 있고 억제하여 영양을 취할 때도 있고 심지어는 특수한 방법으로 시약(施藥)으로 먹는 때도 있으나 의식주(衣食住) 그것의 본래적 의의(意義)나 육신적 생리만으로만 취할 수 없는 어떤 아치(雅致)를 주어도 좋을 것이다. 사치스러운 말이라 할 지 모르나 값비싼 산해(山海)의 진미(珍味)

가 반드시 그런 아치 있는 선미(仙味)들이라고 못한다. 오히려 서민적 야성적 자연적 풍정(風情) 속에 그것은 있는 것이다.

지금 세상만물이 돈으로 값 안되는 것이 없으나 가제 몇 마리를 사는데도 주부(主婦)들은 비싸다 헐하다 시비를 하지만 내가 어리던 시절만 해도 청수(淸水) 매가리 공장(工場) 앞 바다(이것은 지금의 고려모직회사인데 '청수'라는 일본사람이 현재 오동교(午東橋)로 향하는 대로(大路) 이남(以南)은 바다였던 것을 매립을 하고 거기에 정미(精米)공장을 세웠다)에 나가면 해질 무렵 '후리배'가 들어와 '후리(引寄)'를 하는데 어른 아이 할 것 없이 청하지도 않는 것을 그물 줄을 두어 번 겯들어 당겨주곤 미리 들고 간 광주리 바구니 따위를 들고 있으면 선주(船主)는 잡어(雜魚) 중에서도 값나갈 만한 것만 가려놓고 가제 같은 것은 쓰레기 버리듯이 담아주는 것이었다. 몇 놈 아이들이 이것을 모아 가지고 제일 만만한 어머니나 할머니를 졸려서 삶아 가지고 밤늦게까지 먹고 노는 것이다.

가제는 통으로 삶아서 까먹으면 더욱 진미(珍味)롭다. 이놈은 살았을 때는 희먹스레 창백(蒼白)한 피부 빛깔은 빛깔이지만 삶아 익혀놓으면 불그스레한 도화(桃花) 빛깔이 된다. 암놈은 몸집도 크거니와 □주(□柱)처럼 길다랗게 알을 품고 있어 이것이 또한 맛있다. 게와 동류계(同類系)의 동물인듯 매삭(每朔) 보름부터 산란(産卵)하는 까닭에 월말(月末)이 되면 허울뿐일 정도(程度)로 여위진다. 그러므로 산란 전이 가장 알이 많고 살도 단단하다. 삶은 가제를 먹는 데는 기술(技術)이 필요하다. 요즘도 봄철 막걸리 집에서 안주로 이것을 내놓는 집이 약간 있는데 4·5명 친구가 둘러앉아 가제를 제가끔 들고 앉아 그 갑(甲)옷 같은 껍질을 벗기는데 침에 찔려서 '아얏' 소리를 내는 친구는 결국 가제알과 살을 제대로 못가려낸다. 이 친구의 고향을 물어보면 어려서 바닷가에 살지 않았던 것이 밝혀지는 것이다. 어서 봄이 짙으면 어느 서울 시인(詩人) 친구 하나쯤 마산(馬山) 놀러오라고 하여 가제 맛도 자랑하고 손가락 좀 찔리게 해주면서 막걸리 한 잔 마시고 싶다.

* 『마산일보』 1961. 2. 25.

춘심초(春心抄) 5

밤이 몹시 짧아졌다. 벗들과 어울려 막걸리 몇 잔을 권커니 받거니 하는 동안에 어느새 자정이 넘어버린다.

소동파(蘇東坡) 같은 사람도 봄밤에 이렇듯 술 한 잔 나누는 시간이 짧은 것을 탄식하여 '춘소일각직천금(春宵一刻直千金)'이라고 했던 것인가.

파릇파릇 새 풀냄새를 맡으면서 언덕길을 걷고 아지랑이 피어오르는 묏등 잔디밭에 앉아 복사꽃 만발한 마을을 내려다본다. 그것으로 술맛이 제대로 흥한다.

봄의 정경(情景)이다. 춘심(春心)이 다른 것에 있지 않다. 이렇듯 따뜻하고 화창하므로 전신(全身)에 느끼는 인정(人情)이 새삼스러운 것이다. '춘(春)'자를 1년 사시절(四時節)의 첫 계절이라고 사전에는 해설되어 있고 다시 술의 이명(異名)이라고 하였고 또 남녀(男女) 상연지정(相戀之情)이라 했다.

봄은 새롭고 따뜻하고 인정스럽고 또한 술 마시기 좋은 때라고 요약된다. 일찍이 당나라 시인(詩人) 사공도(司空圖)는 옥호매춘(玉壺買春)이라고 썼다. 매춘(買春)은 매주(買酒)란 뜻이다. 창녀(娼女)를 매춘부(賣春婦)라고 하는데 퍽 불만스럽다. 중국 본토는 모르나 만주(滿洲)에서는 창가(娼家)를 서원(書院) 서관(書館)이라고들 하였다. 책을 파는 서점도 아니고 글공부하는 도서관도 아니다. 우리나라의 서원(書院)은 공맹성현(孔孟聖賢)을 비롯한 선현(先賢)의 영위(靈位)를 모시고 춘추봉사(春秋奉祀)하는 곳인데 이에 비겨 생각하면 어처구니없는 이름이다. 그러나 거기에 운치가 있지 아니한가.

술의 이명(異名) 스스로 '춘(春)'이고 보면 이 계절의 술맛이 어떠하랴 짐작할 수 있지 않은가.

그러나 다시금 생각하면 술 그것 자체의 맛으로야 햇곡이 나와서 그것으로 빚은 신주(新酒)맛이 오히려 나을 것은 두말할 나위가 없다.

봄의 술맛은 오히려 그 정경(情景)속에 있는 것이다. 이 화창한 날씨에 고리타분하게 방구석에 들어앉아 갑갑하게도 청주(淸酒) 따위를 데워서 마신다는 것부터 멋없다. 더욱이 선술집 영감이 왜식(倭式)도 양식(洋式)도 아니고 우리 식(式)도 아닌 잡종(雜種) 안주에 부어주는 정종(正宗)이란 갈증이나 면하려는 것이지 맛으로 먹는다고는 못한다. 겯하여 색주가(色酒家) 같은 데서 구린내 나는 계집아이가 체면 사정없이 술잔을 주고받고 하다못해 남의 젓가락까지 뺏어들고 술상을 두드려 장단을 치는 데는 질색할 억지노릇이 아닐 수 없다.

대개 이런 술 마시는 것은 홧김에 남을 칠 수도 없고 제 가슴 뜯을 수도 없을 때 그저 그렇게 도피하려고 망각하려고 하는 처신에 불과한 것이다.

아지랑이를 따라 허우정 언덕길을 간다. 보리밭에서 노고지리란 놈이 훌훌 날라서 반공(半空)에 솟다가 가락을 뽑고 우짖는다. 우리 벗들도 구수한 이야기를 주고받고 또 웃어댄다. 이렇게 언덕바지를 한참 걸으면 등에 땀이 쪽 배이고 목이 조금 마른다. 누가 한 사람 앞서 길을 잡는다. 복사꽃 피어있는 마을로 가는 것이다. 그 이유를 묻지 않는다. 모두 똑 같은 생각이기 때문이다.

차문주가하처재(借問酒家何處在)

목동요지행화촌牧童謠指杏花村)

바로 그것이다.

만발한 꽃그늘에 평상(平床) 따위에 앉고 또는 그 옆에 서서 한 잔씩 하는 것이다. 주고받으면서 하는 이야기가 어떤 화제(話題)라도 좋다. 고담준론(高談峻論)도 없거니와 고성방가(高聲放歌)하는 사람도 없다. 제멋에 겨워서 된장 고추 하나를 들고도 조련히 마시고 어지간하게 취해야 일어서는 것이다.

*『마산일보』 1961. 2. 26.

춘심초(春心抄) 6

兩人對酌山花開 一來一來復一來 我醉欲民君且去 明朝有意抱琴來

뒷동산 진달래 아담드리 피었어라
진달래 꽃밭엘랑 우리 둘이 같이 앉아
자네 한 잔 드세 그려 나도 한 잔 주세 그려
한 잔 한 잔 또 한 잔을 주고받고 마셔보세.
술도 취하거니와 꽃 속에 잠이 오네
이 꽃을 어이 두고 자네는 가자는고
내일 아침 술이 깨어 오늘 생각나거들랑
거문고 안고 와서 술을 마셔보세.

옛날 사람들의 술 마시는 멋 이러하다. 술 그 자체의 효능(效能) 이상으로 사람이 그 정회(情懷)와 풍류를 자아냈고 다시금 승화되어 환경과 풍치(風致)의 묘가 혼연일체되어 어떤 선경(仙境)을 이룩한다.

얼근한 정도로 취하면 오히려 홀로 음풍영월(吟風詠月)하고 '채국동산하 수연견남산(採菊東籬下 悠然見南山)'의 호연(浩然)한 기상(氣象)이 되며 대취하면 '아취욕민군차거명 명조유의포금래(我醉欲民君且去明朝有意抱琴來)'의 대범(大凡) 경지에 도달하여 마침내 이심전심(以心傳心)의 삼매경이 되고 무아무타(無我無他)의 낙천(樂天)이 되는 것이다.

그러나 결코 야비하거나 무례하거나 교만하지 않다.

중국 사람들은 술에 취하여 대로상(大路上)을 비틀거리고 걷는 법이 없다고 한다. 만약 신사로서 그러한 실수가 있으면 그로서 그는 상놈으로 낙인이 찍혀 버린다고 한다. 그렇다고 그들이 대음(大

飮)하지 않는 바 아니다. 대체로 그들의 주류(酒類)가 우리네 것보다 더 독하다. 비록 어육(魚肉)을 상식(常食)하고 기름을 많이 쓴다 하지만 주기(酒氣)가 강하면 그만 취기도 심할 것이다. 그들이 아무리 군자법도(君子法度)로서 막는다 할지라도 술이 가진 바 취기(醉氣)란 그대로 '알콜' 작용이니 군자법도로 이것을 막을 수 있겠는가. 도학(道學)을 내세우고 생활과 처신(處身)의 양정(養正)을 극도(極度) 억압(抑壓)한 것은 중국에서보다 우리들 조상들이다. 오히려 질식을 하고 환장을 할 정도로 우리네 부조(父祖)들은 교육시켰던 것인데 어찌 중국사람과 우리들의 술 취하는 격조(格調)는 반대로 표현되는가.

세조(世祖) 때 문관(文官)으로 손순효(孫舜孝)라는 분이 있다. 대음(大飮)으로 주야장천(晝夜長天) 술 취하지 않는 때가 없었다. 그 무비(無比)한 학식(學識)과 천재(天才)의 문장(文章)이 절세(絶世)의 필력(筆力)이 가히 천하일품이로되 과음(過飮)으로서 항상 말썽꺼리가 되었다. 엄명(嚴命)하기로 "경(卿)이 술을 좋아함은 동정(同情)하는 바 과음하면 실수하니 오늘부터는 일삼배(日三盃)를 넘지 마라"고 했다.

후일(後日) '대국'으로 보낼 급한 문서가 있어 손순효를 찾으니 없는지라 왕이 사방으로 찾아 들어오는데 갓근이 풀어지고 걸음이 지자(之字)라 왕이 보고 화를 내어 문책하기로 "삼일배로 엄명(嚴命)한데 왕의 명을 거슬리는가" 하니 손순효가 대답하기로 "상명(上命)은 바로 엄수하여 삼배만 하였나이다." 왕(王) "그러면 어찌 그렇게 취하는가. 대체 무슨 주기(酒器)로 삼배하였는가." 손(孫) "오늘 시집간 딸년의 집을 갔다 왔는데 술을 내어오기로 상명을 어기지 못한다 하였더니 딸년이 아비 술 좋아하는 줄 알고 측은히 생각하와 그러면 이 그릇으로 삼배만 더소서 하고 주옵기로 마셨습니다." 왕이 기가 막혀 묻기로 "대체 무슨 그릇이더냐"고 다짐하니 손순효는 말을 한참 두리두리 하다가 "네 물 깃는 항아리였습니다." 하였다. 어이가 없어 왕이 대소(大笑)하고 문안(文案)을 주며 술 취한 김에 작문(作文)이나 하라고 빈정대었다. 손순효가 문안을 들고 잠시 사색하다가 붓을 들어 청산유수(青山流水)여서 타(他)에 비할 수 없었다. 왕이 기뻐하여 오늘은 왕명(王命)이니 술을 마셔라 하며 사주(賜酒)하는데 삼석(三石)이라 손(孫) 선생이 대취(大醉)하고 왕도 취하여 같이 노래 부르고 춤추었다 한다.

술의 진미(眞味)란 이런 것이다.

*『마산일보』 1961. 2. 28.

춘심초(春心抄) 7

산마루를 보면 파릇파릇 제법 돋아나 보이는 곳은 보리밭일 것이 분명하나. 군데군데에 흰옷 입은 사람의 그림자 보인다. 골목길을 가다가 문득 옷에 스치는 나뭇가지를 무의식(無意識)에 가까운 것이지만 만져보면 파릇한 껍질이 보인다. 애들애들 할 정도로 물이 올랐다. 그래서 강변(江邊) 가에는 버들강아지 꽃도 피었으려니 생각도 난다. 지난해 아무리 겨울이라고는 해도 그래도 온실재배(溫室栽培)라는 실로 문화적인 식물재배(植物栽培)의 방법이 있는데도 꽃 한 포기를 보지 못했다. 크리스마스 전후해서 피처럼 붉게 피어오르는 <포인세치아>를 다방(茶房)에서 본 것이 마지막이다. 아무리 겨울이라고 해도 꽃이 전연 없으면 살 수가 없다. 12월 말경으로 하여 통영(統營) 남해(南海) 등지에선 동백꽃이 핀다. 설중(雪中)에 매화(梅花)도 본다. 하도 갑갑하여 뜰에 매화 한 가지를 끊어 수반(水盤)에 심었더니 그대로 봉오리를 내지 못하고 골아 버렸다. 수선(水仙)을 심었는데 방이 너무 추워서 얼어버린다. 그러고 보면 자연의 날씨도 예년보다 심했거니와 나의 방은 더 심하게 추웠다. 꽃을 두고 원망할 것이 못된다. 내 스스로의 생활을 탄식할 뿐이다. 장작을 마음 놓고 지필 수 있어 온돌의 그윽한 난방(暖房)을 가동할 수 있는 살림살이라면 수선을 얼어 죽일 리는 없다. 그래도 추위를 못이길 만하다면 진종일을 그 구근(球根)을 가슴에 품고 보온(保溫)할 수도 있지 않는가. 요(要)는 생활에 그런 여력(餘力)이 없는 것이다. 삭막(索漠)한대로 겨울은 가고 봄이 왔다. 얼어 죽은 줄 알았던 수선도 이제 싹이 올라 3센티쯤이나 파릇한 춤을 세웠다. 이대로 간다면 3월 중순경에는 꽃이 피려니 짐작간다. 해마다 제일 먼저 피어오른 수선꽃 몇 포기를 누구 누구에게 보내는 돈도 음식도 갈라줄 남음이 없는 나에겐 그것으로 전주(錢主)의 자만(自慢)이 있는 것인데 금년은 누구에게 제일 먼저 핀 수선화(水仙花) 꽃을 보낼까.

작년에 재작년에 그 전년(前年)에 이 꽃을 받은 내 사랑하는 소녀들은 다 시집을 갔다. 꽃과 함께 보내는 쪽지에 '꼭 시집 가세요' 라고 썼는데 3년이나 그 축복을 거부하고 꽃만 받던 스물아홉 살짜리 올드미스 S양도 미안해서 그리한 것이야 아니겠지만 그래도 해는 넘기지 않고 음력 섣달에 시집을 갔다. 머지않아서 피어나올 꽃을 금년엔 누구에게 보내랴. 만화방향(萬花芳香) 그것으로 나에겐 할 일도 많아지는가.

옛사람들은 봄을 즐기면서 그 가운데 또 봄을 삼가고 아낌도 적지 아니했다. '강촌(江村)에 봄이 드니 할일도 하도 하다 꽃밭은 누가 갈고 약초(藥草)는 누가 맬 것인가'로 걱정했으며, '동창(東窓)이 밝았느냐 노고지리 우지진다 소 치는 아이놈은 상기 아니 일었는가 재 넘어 사래 긴 밭을 언제 갈려 하나니'라고 경고(警告)했다. 맹호연(孟浩然)의 시(詩)도 그저 춘심(春心)의 풍류(風流)만이 아닌 농촌민정(農村民情)과 교훈(教訓)을 내포하였다. 춘면불각효 처처문제조 야래풍우성 화락지다소(春眠不覺曉 處處聞啼鳥 夜來風雨聲 花落知多少).

*『마산일보』 1961. 3. 1.

춘심초(春心抄) 8

진달래도 개나리도 피지 않지만 해마다 피는 꽃이어서 우리의 가슴에 환한 광명과 긍지와 애달픈 정서(情緖)로서 그윽한 향기를 뿜는 것을 느낀다. 3월 1일이란 꽃이다. 억압과 굴욕의 쇠사슬에 묶여 빼앗긴 조국의 산야(山野)와 민족의 정기(正氣)를 찾아 남녀노소가 누구의 지시나 명령에 의한 바 없으면서 가슴에 독립의 성령(聖靈)을 품고 손에 태극기를 들고 만세(萬歲)를 외치며 애놈의 총칼 앞에 그대로 맞서 나아갔던 것이다.

일제(日帝) 36년의 노예생활 속에서도 상실(喪失)된 민족정기(民族正氣)의 상황 속에서도 기미년(己未年) 3월 1일에 피어올랐던 이 민족의 꽃은 그 뿌리가 마르지 아니하여 죽음과 영어(囹圄)의 고초와 해외망명의 슬픔으로 대가(代價)되면서 끊임없는 혈사(血史)를 이룩하여 혹은 6·10만세가 되고 임시정부가 되고 많은 민족해방운동이 되었고 광주학생사건(光州學生事件) 또는 일제말 중일전쟁(中日戰爭)이 벌어져 일제의 야만이 바로 단말마(斷末魔)의 야수(野獸)와 같은 충충에서도 동래고보(東萊高普)와 부산제이상업학교(釜山第二商業學校) 학생에 의하여 의거(義擧)된 점, 내태이사건(乃台伊事件) 등 끊을 수 없는 꾸준한 투쟁이 이어주고 이어받아 해방(解放)의 날에 이르렀던 것이다.

세월의 흐름에 섞여 시대사조의 변천이나 사회의식의 발전이 그 가운데 묻되 독립정신(獨立精神)의 발휘되는 모습이 형형색색으로 변하였던 것도 사실이며 민족주의(民族主義)의 정통(正統) 자결주의(自決主義)가 그 방법에서 무저항주의(無抵抗主義)로 나감으로 제국주의 일본에 항거할 실력을 갖출 수 없었다는 것은 쉬이 알 수 있으나 그들은 망명(亡命)하여 해외에서 임시정부를 수립했고 군대를 양성하여 투쟁하는 한편 국내에서 교육과 전도(傳道) 의료사업을 일으키어 민족정신을 배양하고 빼앗긴 국토나마 그것을 사수(死守)하였다. 독립기금(獨立基金)을 조달하였다. 공산주의는 세계공산주의가 단결(團結)하므로 오직 제국주의를 타도할 수 있다는 그들의 신조(信條)나 목적(目的)에서 무정부주의(無政府主義)는 일절(一切)의 독재(獨裁)와 권력을 부인(否認)하는 세계자유국가의 방식에서 독립운동은 누구에게도 못지않게 투쟁되어온 것이다. 스스로의 사상이나 신념이 상이(相異)를 내세우는 것보다 독립이 선결(先決)이라는 것이 혼연일체(渾然一體)가 되었고 대동단결(大同團結)하였으므로 적(敵)은 일제뿐이었던 것이다.

기미년(己未年) 3월 1일에 질러놓은 봉화(烽火)는 이렇듯 순수한 민족해방(民族解放)의 일념뿐인 것이다. 이 단일한 정신체계가 민족의 체내(體內)에 흘러들어 무수한 투쟁사(鬪爭史)가 되어도 동족상잔(同族相殘)의 흔적은 찾아볼 수 없는 까닭이다.

이러한 의의(意義)를 지닌 3·1절을 해방한 뒤에 비로소 민족의 이름으로 태극기(太極旗)를 높이 달고 추상(追想)하고 경축(慶祝)하여 벌써 십수(十數) 성상(星霜)을 보내었다.

이(李)정권 독재하(獨裁下)에 매년 이날이 오면 만백성을 모아놓고 북진통일(北進統一)을 부르짖고 하더니 이제 제2공화국의 첫 번 맞는 3·1절의 감개(感慨)는 또한 새삼스럽다.

독재의 쇠사슬을 풀고 자유에 의한 참된 민족의 민주주의를 시게(示揭)한 4월혁명의 정신적 기반이 결코 3·1정신과 일치되지 않는다고 할 수 없다. 3월 15일부터 터져나간 혁명의 기본자세가 오직 구국(救國)의 일념뿐으로 오히려 정권욕(政權慾)에 사로잡히지 않는 젊은 학도(學徒)들의 순혈(純血)이 약동하였음을 생각하여 보면 자명하다.

3·1절을 맞이한 오늘 다시 15일 뒤 올 이 고장의 의거일(義擧日)을 생각하며 우리들의 일상생활에 순수(純粹) 구국의 정신이 불순한 무엇에 사로잡히지 않나 깊은 반성을 하여야 하겠다.

* 『마산일보』 1961. 3. 2.

낙수석금(落穗昔今) 1

『여지승람(輿地勝覽)』에 의하면 마산(馬山)은 창원부(昌原府)의 속현(屬縣)으로 합포(合浦)라고 칭(稱)하였다. 창원부의 서남(西南) 10리여(十里餘)의 어촌(漁村)으로 다만 해변(海邊)가에 있으므로 약간(若干)의 수산(水産)이 있으나 한촌(寒村)으로서 보잘것없는 고을이었다. 오히려 창원부의 외항(外港)으로서는 웅천(熊川)이라는 항구(港口)가 있어 일본(日本)과의 교통(交通)이 편리(便利)하여 합포(合浦)는 통영(統營) 고성(固城)으로 뻗는 교통(交通)과 고기잡이의 집산정도(集散程度)에 지나지 못했다.

합포가 마산의 전신(前身)이라고 하나 지도상(地圖上)으로는 도저히 오늘의 그것에 비길 것이 못된다. 그 위치(位置)로 본다면 지금(只今)의 석전일대(石田一帶) '근(近)주'라는 곳이 고현(古縣)인 것 같다.

신라초기(新羅初期)에 이곳에 옥사(獄舍)를 두어 죄수(罪囚)를 수용(收用)했다는 기록(記錄)이 있는데 이조(李朝)에 와서 '근주'에 역(驛)이 있었다고 『여지승람』에 있는 것으로 미루어 보는 것과 창원부의 경계성(境界城)이 내성(內城) 외성(外城) 합성(合成)해서 이곳을 통과(通過)하고 있는 것과 봉화대(烽火台)가 이곳에 있는 등(等)으로 미루어 보아 확정(確定)은 못할 지라도 거의 정확(正確)한 것이 아닌가 본다.

문물(文物)의 진화(進化)에 따라 차츰 인구(人口)의 증가(增加)를 보고 또 생산(生産)의 거점(據点)이 바다고 보니 점차(漸次) 남하(南下)하여 해안지대(海岸地帶)로 촌락(村落)이 이동(移動)되었을 것으로 짐작이 간다.

원(元)나라 때 몽고병(蒙古兵) 십만(十萬)이 여기 주둔(駐屯)하여 일본(日本)으로 출전(出戰)하였다는데 10만대병(十萬大兵)이 일시(一時)

머물었다는 것은 전쟁(戰爭)이라고는 하지만 일시적(一時的)인 인구변농(人口變動)으로서 그것으로 도시발전(都市發展)의 원인(原因)이 되었을 리는 없다. 더욱 그 시대의 작전(作戰)이라 허허(虛虛)벌판에 진(陣)을 치므로 오히려 전주민(前住民)이 피란(避亂)하고 집락(集落)이 붕괴(崩壞)되었을 것이다. 미래(邇來) 발전(發展)이란 것은 전연(全然)없고 이조(李朝)에 와서 비로소 '구강(舊江)' 즉 지금의 산호구동(山湖舊洞) 일대에 제방(堤防)을 쌓고 어선(漁船)이 출입(出入)하였다고 본다.

마산(馬山)이 본격적(本格的)으로 도시화(都市化)할 가능(可能)을 보인 것은 임진왜란(壬辰倭亂) 이후다. '구강' 당산(堂山) 즉 용마산상(龍馬山上)에 왜적(倭賊)이 축성(築城)을 하고 웅천(熊川)과 연락(連絡)하여 영남(嶺南)의 적(敵) 본거지(本據地)를 여기에 둠에 이르러 부득불(不得不) 주민(住民)들은 서(西)쪽으로 멀리 살게 되었다.

토질(土質)이 비옥(肥沃)하고 수질(水質)이 좋다는 것이 집락구성(集落構成)의 요인(要人)이 되었다고 볼 것이다. 확인(確認)할 수 있는 고증(考證)은 없으나 시내(市內)에 산재(散在)하는 '큰샘'이 육칠(六-七)개나 되는데 이것은 모두 말하자면 몽고정(蒙古井)이란 것이다. 지금 자산동(慈山洞) '로터리' 옆에 있는 것만을 몽고정이라 불러서 고적(古蹟)으로 삼는데 이것도 고노(古老)의 말에 의하면 지금의 자리에 있는 것이 아니었다고 한다. 본래는 주선(州線) 너머 추산(騶山) 기슭으로 붙어있었던 것을 철로(鐵路)가 되매 밑으로 옮겼다는 것이다.

이와 같은 '샘'은 오동동(午東洞) 고려모직회사(高麗毛織會社) 부근(附近)에 '갈밭샘'이란 것이 있는데 형무소(刑務所) 앞 옥기환(玉基煥)씨댁 뒤에 '통샘'이 있고 북마산파출소(北馬山派出所) 옆에 '은생이샘'

이란 것이 있는데 이것은 노산(鷺山) 이은상(李殷相) 씨댁이 거기에 있었기 때문에 붙은 이름이고 또 지금 삼흥주조장(三興酒造場) 내에 있는 샘도 그것일 것이다.

국내(國內)의 고읍(古邑)에는 반드시 큰 샘이 있는데 이것은 시정(施政)의 하나로 식수(食水)를 마련한 것인 즉 지금의 상수도시책(上水道施策)과 같은 것이어서 도시계획(都市計劃)의 중요(重要)한 조건(條件)이 되었던 것이다. 마산(馬山)은 임란이후(壬亂以後) 급격(急激)한 인구증가(人口增加) 자연발생적(自然發生的)으로 도시화(都市化)하였는데 몽고병(蒙古兵)들이 발굴(發掘)하여 놓은 샘을 그대로 사용(使用)할 수 있게 된 것이 퍽 유리(有利)한 일이었다고 생각된다. 이 천혜(天惠)의 식수가 근대문명화(近代文明化)와 더불어 주조업(酒造業)에 큰 발전(發展)을 가져와서 일제 36년간 일본자본가(日本資本家)의 호이(好餌)가 된 것도 사실(事實)이다. 그러고 보면 마산은 물이 좋아서 그 덕(德)으로 이룩된 도시(都市)다.

*『마산일보』 1961. 3. 4.

낙수석금(落穗昔今) 2

아득한 옛날은 고사하고 4·50년을 두고 마산(馬山)의 지리적(地埋的) 변전(變遷)을 살펴봐도 상전백해(桑田碧海)의 느낌이었다.

필자의 어릴 적 그러니까 40년 전쯤을 기억(記憶)을 더듬어 본다면 우선 전체(全體) 모습이 아주 달라졌다. 물론(勿論) 신마산(新馬山) 일대(一帶)는 외국(外國) 사람의 거류지(居留地)가 되어 있어 우리들은 기억(記憶)마저 희미할 뿐 아니라, 신설(新設)의 도시계획(都市計劃)에 의(依)하여 또 신설(新設)된 것이지만 구마산(舊馬山)의 형성(形成)도 현금(現今)의 면적(面積)에 비(比)하면 기가 막힐 정도(程度)였다.

첫째 지도상(地圖上)으로 본다면 구마산역(舊馬山驛)을 기점(起點)으로 형무소(刑務所)까지 일대(一帶)의 동쪽, 현금(現今)의 상남동(上南洞) 2구(區)는 그대로 논과 밭이다. 상남동(上南洞) 하천(河川)을 따라 오동동(午東洞) 지서(支署)에서 대로(大路)를 남행(南行)하여 해안통(海岸通)에 이르기까지도 역시(亦是) 전야(田野)이었다.

또 오동교(午東橋)를 기점(起點)으로 한다면 거기서 동보극장(東寶劇場)을 거쳐 해안통(海岸通)에 이르는 길의 남쪽은 그대로 심심벽해(深深碧海)다. 매축(埋築)하여 육지(陸地)가 된 것이고 보면 자연(自然)의 조건(條件)과 문화(文化)의 진보(進步)가 이렇듯 대조적(對照的)으로 변천(變遷)하는 것으로 이것은 벽해(碧海)가 상전(桑田)으로 변(變)하여 인류(人類)에게 도움을 주는 보기라 할까.

마산(馬山)의 시가지(市街地)는 우선 매축(埋築)으로 발전(發展)했다 하여 과언(過言)이 아닐 만큼 광범위(廣範圍)하다. 구마산(舊馬山) 부두(埠頭) 일대(一帶)는 일찍이 개항장(開港場)으로 시설(施設)한 것이니 말할 것 없고 해안선(海岸線)은 훨씬 수상(水上)하여 대륙상회(大陸

商會) 앞길 우체국(郵遞局) 앞을 통(通)하여 삼광주조장(三光酒造場)에 이르는 남부(南部)는 들물 때 바닷물이 철썩이고 갈대가 우거져 있어 아이들이 갈대밭에 들어 게를 잡고 여인(女人)네들이 조개 파던 곳이다.

그중에 제일(第一) 큰 매축지(埋築地)는 지금 시외(市外)버스 주차장(駐車場)으로 쓰고 있는 일대(一帶)에서 중앙동(中央洞)을 건너 마산역(馬山驛) 그리하여 세관(稅關) 부두(埠頭) 일대(一帶)를 가는 것이다.

간단히 말하면 구마동(舊馬洞) 시장(市場) 입구(入口)에서 주차장(駐車場) 쪽으로 경사(傾斜)가 지는데 이곳서부터 자산동(玆山洞) 로터리 근처(近處)는 바다가 추산(騶山) 기슭까지 밀고 들어서 와 신마산(新馬山)은 완전(完全)히 차단(遮斷)을 하였고 다시 무학초등학교(舞鶴國民學校) 앞에서 시청(市廳)을 거쳐 마산역(馬山驛) 앞 근처가지 남쪽은 물길 찰랑찰랑 하는 바다를 끼고 가는 해안선(海岸線)이다.

그러고 보면 참으로 마산(馬山)의 전면적(全面積)의 몇 분(分)의 일(一)은 매축(埋築)으로 된 땅이라고 봐도 과언(過言)은 아닐 것이다.

면적(面積) 일(一)의 변화(變化)도 그러하고 그 매축지대(埋築地帶)로 하여금 도시발전(都市發展)과 개항상(開港上)의 발전(發展)이 다대(多大)햇던 것은 말할 여지(餘地)가 없는 것이다. 석금(昔今)의 정회(情懷)로서는 이 매축(埋築)으로 하여 필자(筆者)들 나이 사람에게 가장 애석(愛惜)하게 느끼어지는 것은 월포해수욕장(月浦海水浴場)이 추방(追放)을 당하게 된 것이다.

중앙동(中央洞) 일대(一帶)의 매축(埋築)은 또 그 전에 된 것인데 소방서(消防署) 개천을 끼고 철도(鐵道)길까지 마산일보사(馬山日報社)

앞에서 중앙동(中央洞) 골목으로 들어가는 네모 반듯한 이곳이 공설운동장(公設運動場)으로 사용(使用)했던 것인데, 여기서 다시 바다 족으로 불가(不可) 10미터 가량밖에 되지 않는데 동서(東西) 1킬로미터 우거진 노송(老松)이 창창(蒼蒼)이 서 있고 바로 그 송촌(松村) 밑은 백사(白沙)가 희다 못해 황금(黃金)빛을 발하는 사장(沙場)인데 바다가 얕아서 수중(水中) 4,50미터는 어린아이들도 그냥 뛰놀 수 있고 수온(水溫)도 적당(適當)하고 물이 맑아서 옥수(玉水) 같았으며 또한 구비(具備)된 해수욕장(海水浴場) 시설(施設)이었기 때문에 여름철이면 서울을 비롯하여 대전(大田) 대구(大邱) 등의 먼 곳에서도 이곳으로 해수욕(海水浴)을 왔다. 전기시설(電氣施設)도 잘 되어 있어 주야(晝夜)로 하동(河童)들의 별천지(別天地)를 이룬 것이지만 여름이 아니라도 달 밝은 밤에 사랑하는 사람의 팔을 끼고 이 송림(松林) 사이를 거닐면서 송뢰(松籟)도 듣던 것인데 정치(情致)로 비교한다면 가포해수욕장(架浦海水浴場)과는 어떨는지. 옛사람은 옛것이 좋다하고 지금 사람은 지금 것이 좋다함도 또한 사람의 상정(常情)이다.

*『마산일보』 1961. 3. 5.

낙수석금(落穗昔今) 3

오동동(午東洞) 개천가에 제방(堤防)이 되고 정지(整地)하여 주택(住宅) 등 건물(建物)이 들어서게 되므로 정서(情緖) 깊은 마산(馬山)의 풍정(風情) 하나가 또 사라지고 말았다.

지금(只今)의 콘티넨탈 삼각로(三角路)를 기준(基準)으로 오동동(午東洞) 일대(一帶)가 모두 전답(田畓)이었고 무성(茂盛)한 포푸라 나무가 죽 늘어서서 시골 강변(江邊)과 같은 감(感)을 주었던 것인데 봄철에는 포푸라 껍질을 벗겨 피리를 만들어 불며 용마산(龍馬山)으로 노비산(鷺飛山)으로 쏘다니는 것도 좋고 여름이면 포푸라 나뭇가지에 한가로운 매미 울음소리를 들을 수도 있었다.

전(前) 김해랑무용연구소(金海郞舞踊研究所) 자리는 명태(明太) 곳간이라고 해서 명태(明太)를 재우는 창고(倉庫)였다.

해산물(海産物)이 이 고장의 주(主)되는 산업(産業)이라 어시장(漁市場)을 중심으로 경제(經濟)가 좌우(左右)되는 것은 두말할 나위가 없다. 그중 건어물(乾魚物)은 통영(統營) 삼천포(三千浦) 등지(等地)에서 가공(加工)되는 것도 있지만 일찍 철도(鐵道)를 가지게 된 마산(馬山)이 이 방면(方面)의 집산(集散)은 가장 우두머리 서게 되어 모든 상공업(商工業)이 일본인(日本人)의 손으로 넘어갔음에도 불구(不拘)하고 이런 것만은 우리 사람의 자력(自力)으로 운영(運營)되었던 것이다.

그리하여 위탁(委託)과 보관(保管)을 사업(事業)으로 하는 창고(倉庫)가 생기게 된 것인데 무슨 주식회사(株式會社)인가 조합(組合)인가는 모르겠으나 오동동(午東洞) 그때의 논 가운데가 그때에 봐서는 굉장히 거창(巨創)한 창고(倉庫)를 짓고 거기에다 명태(明太)를 재우는 것이었다.

우리를 오동동(午東洞) 골목에서 노는 어린이들에게 이 명태(明太) 곳간은 참으로 잊을 수 없는 가지가지 추억(追憶)인 것이다.

매년(每年) 요맘때쯤 신태(新太)가 나서 그 재고(在庫)가 한참 많아진다. 즉 신태(新太)가 나기 시작하면 시기(時期)를 맞추어 헐하게 사두었다가 1년 동안 시기(時期) 보아서 값이 오를 때를 노려 대구(大邱) 서울 등지(等地)로 보내는 것이다.

그러므로 이 명태(明太) 곳간 안에는 참으로 무진장(無盡藏)의 명태(明太)가 들어앉아 있는 것이다.

우리 어린이들에게 그 명태(明太)란 놈은 참으로 식이(食餌)를 돋우는 것이지만 그놈을 송두리째 한 마리를 들고 뜯는다는 것은 어림도 없는 일이다.

추석(秋夕) 명절(名節)에 다 한 토막 얻어먹는 것으로 생각하는 것인데 다만 요행으로 곳간 앞에서 돈치기나 자치기 같은 장난을 하고 있다가 기회(機會)가 있으면 명태(明太) 둥치에 몰려 붙어 명태(明太) 눈알을 뽑는 것이다. 자치기 하는 토기란 놈의 쭈뼛한 끝으로 후벼서 그 눈알을 뽑는 것인데 뽑기가 가쁘게 먹어대는 것이라 작업(作業)하는 일꾼들의 민첩한 동작(動作)으로 아무리 애를 쓴다 해도 그 수량(數量)이 극히 작다.

그런데 우리 또래 어린이 중에 좀 담이 큰 놈이 있어 제안(提案)이 무진장(無盡藏)으로 명태(明太)가 재인 창고(倉庫) 속으로 침입하여 우리도 무진장(無盡藏) 명태(明太) 눈알을 뽑자는 것이다. 일꾼들이 바쁘게 작업(作業)하는 틈을 타서 열린 창고(倉庫) 속으로 두세 놈이 기어서 들어간 것이다. 될 수 있는 대로 깊숙이 들어가 마음 놓고 그놈의 눈알을 뽑는 것이다. 얼마나 신나는 일인지 모를 일 아닌가. 그런데 별안간 어두침침한 창고(倉庫) 안이 캄캄하여졌다, 우리가 그런 줄 알게 될 때는 이미 때가 늦었다. 일꾼들이 명태(明太)를 다 재우고 간 것이다. 엉금엉금 문(門) 앞으로 기어나온 우리는 울상이 되어 서로 쳐다보나 굳게 닫힌 문을 열 수는 없다. 이윽고 밤이 되었겠지. 명태(明太)에서 괴상한 황색(黃色)의 불빛이 번쩍거리는 것이다. 우리는 아우성을 치며 울었다. 꼭 도깨비불 같은 그 불빛은 인불이었던 것을 우리는 몰랐다.

*『마산일보』 1961. 3. 7.

낙수석금(落穗昔今) 4

'빼앗긴 들에도 봄은 오는가' 국치(國恥)는 분통(憤痛) 속에서도 마지막 얼을 살려보려고 신현(先賢)들이 다투어 가산(家産)을 기우려가며 혹(或)은 미국(美國) 선교회사(宣教會社)의 후원(後援)을 얻어가며 학교(學校)를 세워 민족(民族)의 구원(久遠)한 운명(運命)을 거기에 걸고 나선 것이 을사조약(乙巳條約) 이후 오직 하나 이 땅의 희망(希望)이었던 것이다.

향토(鄕土)의 창신학교(昌信學校)와 의신여학교(義信女學校)가 그리하여 창립(創立)된 우리나라 최초(最初)의 학당(學堂)들이다.

노비산(鷺飛山) 서쪽에 교회(教會)가 설립되므로 그 일우(一隅)에 노산(鷺山) 선친(先親) 이장로(李長老)님에 의하여 설립되었는데 왜적(倭敵)의 무단정치(武斷政治) 하의 사립교육(私立教育)은 그대로 독립운동(獨立運動)의 온상(溫床)이 되어짐은 짐작하고도 남음이 있는 바로 기미년(己未年) 3월 1일 만세시(萬歲時)는 이 학교의 교사(教師)와 학생(學生)이 우리 고장 만세운동(萬歲運動)의 선봉(先鋒)이 되었음을 불문가지(不問可知)다. 당시의 학생들로 현금(現今)에 생존하신 분이 몇 분이 안됨도 감개(感慨) 허무(虛無)하거니와 반세기(半世紀)의 기구한 민족 수난(受難)의 기록(記錄)을 그대로 간직한 이 학교들의 모습은 그야말로 산 역사(歷史)의 기록인지라 향토사적(鄕土史的) 의의(意義)가 자못 크다 할 것이다.

합방(合邦) 당시부터 군사적(軍事的)위치(位置)에서 중요시된 마산(馬山)은 즉시(卽時)로 부(府)로 승격하였으니 부(府)는 지금의 시(市)로서 일정(日政) 초대(初代)에 경성(京城, 서울)을 비롯한 12부(府)였는데 인구 2만 미만으로서 말석(末席)을 차지하였다.

기왕의 거류민지(居留民地) 신마산(新馬山) 일대를 대폭 도시계획(都市計劃)하여 시가(市街)를 정비하고 관리(官吏)를 집중하였으며 완월(玩月) 당산(堂山)에 신사(神社)를 짓고 그들의 가택(佳宅)을 완비하였고 완월 당산 수도(水道)를 파서 파이프를 묻고 수도를 만들어 배수(配水)하는 등 참으로 그들의 낙원(樂園)을 건설하였다. 여담(餘談)이지만 현금(現今)의 제일여자고등학교(第一女子高等學校)는 본래 왜인(倭人)의 신사(神社) 자리인데 여기에 지금도 추하추동(春夏秋冬) 그 수량(水量)이 변치 아니하고 수질(水質)이 조금도 다름없는 수원(水源)이 있어 학교와 학생이 식수(食水)는 물론 남은 것으로 인근 주민이 이 물을 먹고도 또 남는데 해방전(解放前)에는 신사(神社) 사무실에 수도관(水道管) 배치도(配置圖)가 있었다고 한다.

왜인(倭人) 도망시(逃亡時) 이것을 없애버렸고 해방후(解放後)에 방치(放置)된대로 수관(水管)을 모두 상실(喪失)하여 현재 수맥(水脈)은 한 군데뿐이다. 이형규 교장(校長)이 생각날 때마다 10수개가 된다는 물줄기를 찾으나 상금(尙今)도 나타나지 않는다. 도망가면서 그것을 해치고 간 왜놈이고 보면 심보를 짐작할 일이다.

일정(日政)의 군사적 요지(要地)가 되고 그 지세(地勢)와 기온(氣溫)이나 풍치(風致)로서나 또한 수륙(水陸)의 교통(交通)으로 보아 그들 정치(政治)의 요충(要衝)이 되는 곳일 뿐 아니라 보건휴양지(保健休養地)인 까닭으로 해서 일제도 이곳에 교육기관(教育機關)을 달리 설치하였다.

제일 먼저 초등학교로서 성호국민학교(城湖國民學校)의 사신(詞身)인 마산공립보통학교(馬山公立普通學校)가 현금의 자리에 서게 되었는데 4년제로서 초등학교 과정을 공부하는 것이다.

그 초기(初期)들은 필자(筆者) 등의 선대(先代)들이니 이분들은 그 당시 아직 변발(辮髮)을 그대로 하였으며 14,5세에 대개는 장가들어 자녀(子女)를 둔 분들이라 상투를 쪼고 분행(中行)으로 담배를 피우던 시대다. 더욱 신학문(新學問)이 도도히 밀려오는 것을 목격(目擊)을 하나 아직 서당(書堂)에서 사서삼경(四書三經)이나 외우고 혹 진보(進步)했다 해도 실학(實學) 따위에 흥미를 가지는 정도였으니 공립보통학교의 출현은 참으로 아닌 밤중의 홍두깨 같은 출현이었다. 게다가 상고머리로 상투를 날리는 것과 무단정치 하의 군도(軍刀)를 찬 교사(敎師)가 칼과 책을 좌우수(左右手)로 들고 교수(敎授)하는 예는 오히려 분통(憤痛)인데 창신학교(昌信學校)는 그와 달랐다.

* 『마산일보』 1961. 3. 28.

** 편집자㈜ … <화인장산화>는 그간 집필자 개인사정으로 중지되었으나 오늘부터 계속되는 반가움을 갖게 되었습니다.

낙수석금(落穗昔今) 5

노비산(鷺飛山)에 호주(濠洲) 선교사(宣敎師)들이 집 짓고 살게 된 것은 정확한 연대는 모르나 교회(敎會) 창설 당시부터임이 틀림없다. 창신학교(昌信學校)는 앞서 말한 바로 이장로(李長老)님의 사재(私財)로서 설립된 것인 바 현금(現今)의 의신유치원(義信幼稚園) 부근이 그 초대(初代) 교사(校舍)라 생각한다. 교사라고 하지만 이(李) 장로님 소유의 초가삼간(草家三間) 자리 가옥(家屋)을 틔우고 교실 한 칸을 낸 것으로 학생의 수도 불과 수삼십(數三十)이었다고 한다.

국치(國恥)의 분한(憤恨)은 풀 길이 없고 오직 나라와 의(義)를 구(求)하여 영생(永生)의 복(福)을 천국(天國)에 쌓으려는 기독교리(基督敎理)가 저 불우(不遇)한 '이스라엘' 민족의 운명과 일치함으로 약소민족(弱小民族) 끼리의 동련(同憐)하는 정□(情□)와 더불어 이 땅에 새로운 종교로서 보다 더 민족운동(民族運動)의 한 원동력으로 펼쳐지는데 시대풍조(時代風潮)는 휩쓸려 갔던 것이다.

칼을 차고 훈복(訓服)을 입고 또 경찰이나 군인(軍人)과 같은 정모(正帽)를 쓴 공립학교 훈도(訓導)가 교수(敎授)하는 무단교육(武斷敎育)이 그렇지 않아도 왜놈이 미운 데가 그 어마어마한 식민지적 압박감에서 환영(歡迎) 받을 리는 없었던 것은 두말할 것 없다. 그들은 감언이설(甘言利說)로 책도 주고 심지어는 공책과 연필 따위도 무료공급(無料供給)하면서 학생모집(學生募集)을 하였는데 학령(學齡)이 구구하여 서당(書堂)에서 공부한 것으로 학력(學歷)을 따져 통감(通鑑)을 읽었으면 3,4학(三四學)이 되고 동몽선습(童蒙先習) 자리면 2,3학년을 그대로 주는 등 같은 1학년 초년생(初年生)도 17,8세의 업두리 총각이 있는가 하면 10세 미만의 아이도 잇어 지금 생각하면 우스깡

스럽기도 하거니와 더 야단스러운 것은 남녀공학(男女共學)이란 전대미문(前代未聞)의 파격적 교육이다. 이것은 당시로 보아서는 왜놈과 같은 야만족(野蠻族)이나 생각할 수 있는 일로서 남녀칠세부동석(男女七歲不同席) 하는 전대사상(前代思想)으로서는 꿈에도 불가한 일을 내세운지라 공립학교의 여학생 모집은 실로 괴상망측(怪常罔測)한 야단거리였던 것이다. 친일파족(親日派族)의 일부(一部) 자녀(子女)가 위선감언(甘言)의 식이(食餌)가 되어 먼저 낚이고 그 연줄로 해서 혹은 적감언(赤甘言)으로 협박으로 탄압(彈壓)으로 낚아드는 것인데 자녀 가진 집들은 연산군대(燕山君代) 탐홍리(探紅吏) 두려워하듯 학교 훈도(訓導)를 피했던 것이다.

이에 비하여 사립학당 창신학교(昌信學校)의 경우는 애당초부터 달랐다. 첫째 남학생만을 수용한 것이 시기(時機)에 맞았으며 그보다 탄압이 아니고 스스로의 분기(憤起)가 교육이념의 저면(底面)에 흐르는 민족사상이기 때문이었다.

기미년(己未年) 만세 이후에 민족적 자각(自覺)이 독립(獨立)은 오직 앎으로 전취(戰取)된다는데 귀일(歸一)하였다. 쇄국(鎖國)의 몽매로 말미암아 열강(列强)보다 몇 10년이나 문명(文明)이 후진(後進)함으로 국치(國恥)의 슬픔을 당하게 된 것이라고 자각하며 오직 배우자! 알자! 이것이 개화사상(開化思想)의 고취와 함께 민족사상(民族史上)에 획선(劃線)을 긋는 신문화운동(新文化運動)으로 전개된 것이다. 이 사조(思潮)의 온상(溫床)이 되고 실천(實踐)의 도장(道場)이 된 것이 우리 고장에서는 창신학교였던 것이다. 비록 규모는 울분을 품은 선비와 신학문 신문화의 제일선(第一線) 투사(鬪士)들이 여기에 골고루 모이여 가르치는 교사(教師)나 배우는 학생이나 혼연일치(渾然一致)하여 목표(目標)하는 바는 '아는 것이 힘이라'는 방법(方法)이요 배우고 알되 '낡은 것은 물리치고 새것을 받아들이자'는 것이 이념(理念)이고 또 더 깊게 뿌리박은 정신은 조국의 광복을 믿고 월광(月光)에 칼을 가는 기개를 품었던 것이다.

최현배(崔鉉培) 신성모(申性模) 이우식(李祐植) 이극로(李克魯)… 당대 동문(同門)의 이름을 헤이면 기라장성(綺羅將星)과 같으니 감개(感慨) 새롭다.

*『마산일보』 1961. 3. 29.

낙수석금(落穗昔今) 6

기미년(己未年) 이후 민족주의(民族主義) 사상(思想)에 일대수정(一大修正)이 가하여졌는지 사대주의적(事大主義的) 구태(舊態)를 버리고 '윌슨'에 의하여 창도(唱導)된 민족자결주의(民族自決主義)란 민주주의 방식이었다. 이로서 우리의 역사(歷史)가 세계사에 등장하는 계기가 되었던 것으로 사회풍조(社會風潮)에 커다란 변천을 가져오게 한 것이다.

33인의 이름으로 선언한 독립선언문(獨立宣言文)이 삼천리 방방곡곡에 비화(飛火)하여 만세(萬歲)를 부르고 무수(無數)한 선혈(鮮血)과 투옥(投獄)의 희생(犧牲)을 내었음에도 불구하고 그 무원칙(無原則) 무통제(無統制)로 말미암아 소기(所期)의 성과를 거두지 못했으므로 그에 대한 비판(批判)도 준열(峻烈)함에 있어 직각으로 구체적인 성공(成功)은 없었으나 차츰 사회주의적 양상이 대두하게 되어 자못 복잡성(複雜性)을 띄게 되었었다.

더욱 일제의 치정(治政)에 무단정치(武斷政治)의 탈을 바꾸어 소위 문화정치(文化政治)란 미명(美名)으로 일시(一時) 고등정책(高等政策)을 시책(施策)하였으므로 노서아혁명(露西亞革命)과 더불어 세계정세(世界情勢)의 급격(急激)한 변천을 이 나라에서 동시에 겪는 혼돈이 겹쳐왔던 것이다.

기미(己未) 이후의 국내 사조(思潮)는 미국의 민족자결주의적 민주주의가 기독교를 기반으로 신생활운동(新生活運動)으로 전개되는 일방(一方) 노서아혁명의 영향을 받은 공산주의적(共産主義的) 사회사상(社會思想)의 낭만주의에 무저항(無抵抗) 무기력(無氣力)에 대항하여 급속도로 발전하였다. 엄밀하게 본다면 이러한 사회주의사상 속에는 다분(多分)이 무정부주의(無政府主義)가 침투하여 있어서 1860년대의 노서아(露西亞) 사회의 급진적 □□가 혁명의 선봉이었음에 동경한 낭만적 사회주의사상이 오히려 근저(根底)에 숨어 있었다고 봐야 할 것이다.

이러한 시대양상은 우리 고장 마산(馬山)에서도 여실히 반영되었다.

창신학교(昌信學校)와 의신여학교(義信女學校)가 미국을 배경으로 하는 민족주의적 민주주의사상의 온상(溫床)인데 반하여 사회주의를 표방하고 나선 것이 노동야학교(勞動夜學校)다,

고 나인환(羅寅煥) 이형재 구성전 옥기환 명도석 선생 등이 규합하여 학당(學堂)을 세우고 지금의 중앙중학교(中央中學校) 자리에 터전을 닦은 것이 노동야학교이다.

일제에 아부하는 부유층(富裕層)과 몰지각한 무의식층(無意識層)이 공립학교로 기독교를 신앙하는 사람이 창신학교로 그 자제(子弟)를 취학(就學)한 것인데 그래도 그들은 다소의 생활적 여유가 있었다. 그러나 그 산하의 노동계층은 문맹(文盲)을 면치 못했으므로 전기(前記) 생각들이 혹은 가산(家産)을 털고 혹은 성심(誠心)을 기울려 이 학교를 설립했던 것이다.

이형재 선생은 창간 당시부터의 동아일보(東亞日報) 지국을 맡아보면서 교육으로 언론으로 시종일관 향토사회의 역사(役事)를 도모하시고 뜻을 굽힘없이 종생(終生)하신 분인데 일제의 악독(惡毒)한 핍박(逼迫)을 굳이 극복코 의절(義節)과 청렴(淸廉)으로 고생하셨다. 1940년경 작고(作故)하시었는데 임종 무렵엔 가산(家産)이 탕진하여

조반석죽(朝飯夕粥)마저 이어가지 못할 정도였으며 마침 병환(病患)이 중태(重態)로 변함에 삼성병원(三省病院) 김(金) 원장님의 우의(友誼)로서 입원치료타가 별세하셨다. 동지(同志)들과 후학(後學)들이 모두 통곡하기를 왜놈이 물어서 선생을 죽였다고 했으며 당상(當喪)에 마산사회장(馬山社會葬)으로 장례를 모시자고 했으나 일제가 허락하지 아니하므로 부득이 평소로 출상(出喪)하였는데 다만 노동야학교 교정에서 발인제(發靷祭)를 모시는 것만이 허가되었다.

이에 뜻있는 시민들뿐 아니라 동지와 제자 후학이 모두 참렬(參列)하여 조문하고 애곡하기를 종일토록 하여 사회장(社會葬) 부럽지 않았다.

*『마산일보』 1961. 3. 30.

민의소(民議所)라 함은 지금 말로 하면 공회당(公會堂)과 같은 것이다. 평소에 이용할 일이 없으므로 이곳에 유치원(幼稚園)을 만들었다. 이 유치원이라는 게 물론 마산(馬山)서 효시가 될 뿐 아니라 당시 유일한 것이지만 참으로 장관(壯觀)이라고 할까. 오늘날의 그것에 비하면 요절(腰絶)할 지경의 것이다.

첫째 여기에 모인 아동들의 연령이 많은 아이들은 15,6세가 되었고 적어야 8,9세는 되었으니 우습고 더욱 수업(修業)하는 교과과정(教科課程)이 어려운 한문(漢文) 섞인 국어(國語)였고 창가(唱歌) 체조(體操) 같은 것으로 초등학교(國民學校) 4,5학년 정도로부터 낮아도 1,2학년 정도는 되었다.

서당(書堂)에서 겨우 천자문(千字文)을 떼었는데 선친(先親)께서 조부(祖父)님과 참으로 어마어마한 대결(對決) 끝에 비로소 승리(勝利)하고 나를 민의소 유치원으로 보내었던 것이다.

선친께서는 일찍이 선각(先覺)하온 바 있어시어 조부님과 오랜 논쟁(論諍) 끝에 일본 유학(留學)을 가시었던 것인데 논쟁이라고는 하지만 실상은 무단가출(無斷家出)하였던 것이다. 당시 일본 유학생이 불과 10명도 안된 바지만 생활이 부유한 것뿐 아니라 좋은 의미로선 신시대(新時代)에 대처(對處)하여 개화사상(開化思想)을 빨리 받아드린 바고 약빠른 꾀로선 정복자(征服者) 일본에 대한 아부와 그를 빨리 알고 그들의 말 몇 마디만 알아도 관도(官道)에 이르고 칼을 차고 금테를 두른 관복(官服)을 입을 수 있는 것에 대한 동경에서인즉 법과(法科)를 마치면 무조건 판사(判事)가 되고 검사(檢事)가 되었으니 그 위엄(威嚴)일사 천하를 호령하는 것으로 구시대(舊時代)의 지방수

령(地方守令) 따위에 비길 바가 아니었다. 그러므로 돈이나 모아서 치부(致富)하고 일인(日人)과 사귀어 모리(牟利)하는 자(者) 스스로 일본말을 모르고 권세(權勢) 약함을 탄식하여 다투어 그 자제(子弟)로 하여금 일본 유학케 하여 후일(後日) 크게 쓰랴함은 당연사(當然事)가 아닐 수 없다.

마산의 초기 유학생도 이 두 종류의 유학 목적이 있었던 것은 또한 당연하여 지금 생존한 수수모모(誰誰某某)는 어떠어떠한 사람인가. 그분들의 일정하(日政下) 처세(處世)한 바를 살펴보면 뚜렷하여지는 것이다.

선친은 조부님의 약간(若干)의 재산을 가졌으나 크게 남음이 없었을 뿐 아니라 더욱 완고하여 집에 사람을 두어 훈장(訓長)을 모시기까지 하면서 학교(學校)란 곳을 멸시(蔑視)하고 신문화사조(新文化思潮)인 개화사상을 퍽 꺼려하시었다.

선친의 벗과 이웃이 일본으로 유학함에 평소 성격이 쾌활(快活)하신 분으로서 또한 도도한 물결 밀려오듯한 당시의 시대양상이 청년(青年)의 그렇지 않아도 민감한 감수성을 자극하는데 견딜 수 없었던 것이었다. 마침 여름방학이 되매 벗들이 다섯 개 금단추가 달린 까만 '세루' 학생복에다 네모진 학모(學帽)를 쓰고 귀성(歸省)하매 드디어 견딜 수 없었다고 뒤에 후회하면서 조부님께 날을 두고 졸랐는데 통히 허락하시지 않았었다. 선친은 열네 살에 장가드시어서 열다섯 살에 상처(喪妻)하고 그해에 다시 장가드시어 열여섯에 아들을 낳으셨으니 즉 필자(筆者)로서 선친께서 동경(東京) 유학하시던 때는 내 나이 6,7세쯤인가 한다. 평소 조부님의 말씀을 거역(拒逆)한 일

없으신 선친이 매일 서로 말다툼하시던 것이 기억에 남아 있는 듯하다.

끝내 이해를 얻지 못하여 선친은 마침내 조부님의 출타중(出他中)에 그의 돈상자의 자물쇠를 비틀고 돈을 훔친 후 도일(渡日)하시었는데 입으셨던 옷과 편지 한 장이 부산(釜山)에서 부쳐왔을 때 조부님은 대성통곡하시며 '내 아들이 왜놈이 되려 갔다' 하셨는데 그 선친이 학생이 되어 여름방학에 오시더니 서당(書堂)에서 천자문 배우던 아들을 민의소 유치원으로 다려다 넣으셨다.

* 『마산일보』 1961. 3. 31.

낙수석금(落穗昔今) 8

민의소(民議所)는 구마산(舊馬山) 시장에 들어가는 골목 안 태신상회(泰信商會) 뒷집쯤일 것이다. 연전(年前)에 권투도장(拳鬪道場)도 하고 탁구장도 하던 턴가 생각된다. 공청(公廳)처럼 덩그렇게 높게 세운 와가(瓦家)였는데 보존하지 못한 것은 유감이다.

대체로 우리 고장에서 향토사(鄕土史)의 의의에서라도 양간의 건물을 보존하여야 할 것이 있다. 신마산(新馬山) 일대가 일본과 노국(露國)의 조계지(租界地)였음은 다 아는 바인데 현금(現今)의 창원군청(昌原郡廳)이 일본영사관(日本領事館)으로 뒤에 오래도록 마산부청(馬山府廳)이 머물었으므로 이 집은 관리도 보수(補修)도 되어 있지 않으나 지금 '댓거리' 버스 정거장 옆 길가에 있는 '코작크'식 건물은 구(舊)노서아(露西亞) 제국의 유산이다. 일정시(日政時)에 지은 이 집은 거진 공터가 되어 폐허로 남아 있더니 지금은 무슨 양조장(釀造場)인가 되어 있는 것 같은데 사사롭게 이용(利用)하면 건물의 본래 면목은 물론 구도(構圖)나 모양(模樣)이 달라질 것으로 향토사의 입장에서 한번 그 보존문제를 고려해 볼 필요가 있을 것이다.

건물뿐 아니라 고적(古蹟) 유물(遺物)도 약간은 있다. 가령 장군동(將軍洞) 하는 동명(洞名)은 여기 장군묘(將軍墓)가 있으므로 생긴 것인즉 묘의 주인은 아직 알 수 없으나 이로서 이곳으로 흐르는 강물은 '장군내'라 한 것이다. 마산일보(馬山日報) 김(金) 사장님의 말에 의하면 일인(日人) '굴전(堀田)'이란 사람이 있어 이분이 장군동 언덕에서 오래도록 과수원을 경영하고 살면서 이 장군묘를 수직(守直)하고 심지어는 매년 치제(致祭)하기를 쉬지 아니 하였다 한다. 왜인(倭人)이라도 뜻있는 사람이면 그러한데 직접 그 후손(後孫)이 없다 할지라도 그로 인하여 지명(地名)과 산천(山川)의 이름이 될 정도로 향토와 연고가 있다면 그 보존과 관리에 절실함이 있어야 할 것이다.

동양주정회사(東洋酒精會社) 옆 옛 '히후미' 식당 근처에 다리(橋梁)가 하나 있는데 다리 이름은 기억 못하나 그 건립연도가 1904년 융희2년으로 되어 있다. 이 시대에 서기(西紀)로서 연대(年代)를 병서(並書)했음은 진기(珍奇)하다 할 만하며 신마산 일대가 조계지와 외국 사람들이 많았기 때문인지 혹은 그들에 의하여 만들어진 것인지 가지가지로 추측해 보면 그것만으로도 자미진진(滋味津津)한 바 있지 아니한가.

이 고증(考證)을 잡을 문헌이라도 얻으면 그것으로 학자(學者) 말을 들을 수 있을는지도 모른다. 융희 연간(年間)에 된 다리로서 또 하나 남아 있는 것은 북마산(北馬山) 회원천(檜原川) 창신학교 앞에 있는 다리다. 낡을수록 값있는 것이 고고학적 가치(價値)니 뜻있는 사람은 아껴야 할 다리인 것이다.

공립마산보통학교(公立馬山普通學校)가 설 그 무렵 여학생만 일시 따로 수용(受容)한 곳이 '아태학교' 또는 '여학부(女學部)'로 불렸는데 지금의 '은마차(銀馬車)'다방 전약주회사(前藥酒會社) 자리 일대라 짐작된다. 여학부 학교도 본교(本校)로 편입되매 이 자리는 '세무청(稅務廳)'인 하는 관청이 되었다.

일제의 식민정책 가운데 가장 야만적 강도적(强盜的)인 것의 하나로서 초대(初代) 토지정책이었다. 세무청이라 함은 그 대본산(大本山)인데 일제가 그들 연호(年號)로 명치(明治) 45년 그 당시 토지조사국이 맞는 것을 두고 갑자기 토지를 등록케 하였는데 측량이란 것을 앞장세우고 이렇게 빌어먹고 저렇게 빌어먹으면서 우리들의 몽매무지(夢昧無智)함을 기화(奇貨)로 함부로 몰수하여 저이들 것을 만들었다. '동양척식회사(東洋拓殖會社)'란 복면회사를 앞세우고 마구 강도질하였던 것이다.

마산의 '동양척식회사'는 오동동(午東洞) 해동고물상회(海東古物商會) 자리에 있었다. 일인(日人) '박간(迫間)'이란 자는 경남 일대에 걸쳐 토지를 노략질한 거부(巨富)인데 그가 어떤 배경으로 그렇게 되었는지는 알 수 없으나 그 당시 평당 1전(錢)5리이란 값으로 마구 팔았다 한다. 그런데 이 자(者)들 부름에 일어통역자 정창순(鄭昌順)이란 사람이 있어 쓸개 빠진 돈을 모았는데 그는 '밤눈쟁이'란 별명으로 통했다.

*『마산일보』 1961. 4. 1.

낙수석금(落穗昔今) 9

마산(馬山)서 제일 먼저 생긴 다방은 지금의 '외교구락부(外交俱樂部)' 2층 '송옥(松屋)'이라는 것으로 일본 사람이 경영하였는데 1935,6년경이니까 30년이 가까운 옛날이다. 이 집 주인이 아래층에서 양과자상(洋菓子商)을 하고 있었는데 그의 아들이 일본 구주(九州) 제재(帝大)를 다니면서 취미로 '아마추어 사진'을 하며 퍽 좋은 작품을 내었다.

자기의 악품을 게시(揭示)하기도 하며 참 좋은 분위기였다. 다방 구조가 지금 한 군데도 개조(改造)된 것이 없으니 그때치고는 굉장히 호화판(豪華版)의 다방이었던 것이다. 그때 처음으로 사온 자동식 전축(電蓄)이란 것이 '레코드'를 여러 장 같이 실어두면 한 면(面)이 끝나면 자동적으로 끌어올렸다 뒤집어서 다시 들리는 장치인 것인데 신기하여 매일 이 자동식 전축을 구경하려 간 것인데 이것이 때로 조절이 되지 않아 실컷 끌고 올라가기는 해놓고 뒤집기가 잘 안되는 경우가 있어 기계는 멈추지 않고 돌아가므로 양반(洋盤)이 박살이 되어 나오는 때도 있어 그 한 장 한 장이 올라갈 때는 조마조마하였다. 무사히 내려가면 모두 쾌재를 부르고 또 눈을 감고 감상하는 것이었다.

구마산에도 다방 하나쯤은 있어야 한다고 차츰 다방족(茶房族)이 생겨서 4,5년 후에 지금 '콘티넨탈' 자리에 '삼각식당 다방'이 생겼다. 아래층에서는 식당을 하고 2층은 다방이었던 것인데 지금 봐도 옛 모습과 별로 다른 것은 없으니 신구마산(新舊馬山) 할 것 없이 마산의 다방은 그 위상에 있어 저 높은 수준의 시설과 분위기였다고 자랑하여도 좋다.

마산은 술맛 좋기로 국내 최고라 자타(自他)가 같이 자랑하는 바이니 요릿집도 그럴싸한 것이 일찍부터 있었다.

본래 창원부(昌原府)의 속현(屬縣)인지라 관기(官妓)며 풍류(風流)는 창원이라야 본 곳이 되는 것으로 국치(國恥) 이후에도 창원 동문(東門) 근방엔 기생집이 즐비하여 주야(晝夜)로 가무(歌舞) 소리 들리어 풍류남아(風流男兒)들의 호기(豪氣)를 돋구던 것이었는데 시대의 변천에 따라 마산이 신흥도시로서 모든 관아와 상점(商店)이 이곳으로 옮기니 유흥지대(遊興地帶)도 마산으로 옮아왔던 것이다.

창루(娼樓)의 호시는 일인(日人)들이 선수(先手)잡아 부림시장(富林市場) 뒤 자산동으로 나오는 어름에 큰 요릿집이 생겼는데 이름은 잊었다.

또 부림시장 입구의 '오처여관(吾凄旅館)'이란 것이 있어 여관 겸 요정(料亭)으로써 일인(日人) 관리(官吏)들이 출장 오면 술 마시고 투숙하는 곳이다.

오동동에 기녀들이 가무(歌舞) 배우고 노름 받는 조합체(組合体) 같은 '권번(券番)'이라는 것이 있었다.

어느 때 세워진 것인지 정확한 연대는 모르겠으나 필자(筆者)가 중학(中學)을 졸업하고 일시(一時) 무위도식(無爲徒食)할 무렵 집이 '권번' 이웃에 있어 매일 꽃같은 동기(童妓)들의 혹은 춤추고 혹은 노래와 악기 다루는 것을 담 너머로 보고 적이 어린 애를 태웠다. 뿐만 아니라 어느 때 여름엔 이동백(李東伯) 송만갑(宋萬甲) 같은 국창(國唱)의 최고봉들이 월영(月餘)를 두고 시창(示唱)하고 교수(敎授)하는 것을 바로 듣고 볼 수 있었다.

오동동 입구에 ‘봉래관(蓬萊館)’이라는 요정은 지금 무슨 병원이 되어 있는데 이것이 큰 요정의 첫째요 종로(鐘路) 복판에 ‘한양관(漢陽館)’이란 요정은 그 뒤에 났으나 규모가 옥호(屋號)처럼 서울식이고 서성동(西城洞)인가에 ‘금곡원(金谷園)’이란 게 있었는데 순중국(純中國) 요정이며 뒤에 지금 ‘동양호텔’ 터에 ‘천해관(天海館)’과 ‘동양병원’ 터에 ‘해동관(海東館)’ 하는 것들이 있어 금준미주(金樽美酒)에 고성가무(高聲歌舞)하던 곳들이다.

* 『마산일보』 1961. 4. 2.

낙수석금(落穗昔今) 10

'오동동(午東洞)' 하면 마산의 대명사처럼 널리 알려져 있는데 술집 많고 기생 많은 것으로 그렇게 유명하다. 그러나 기실(其實)은 오동동에 술집이 많아진 것은 최근의 일이다.

지금은 '콘티넨탈' 뒷골목에 유명 요정(料亭)이 추녀를 맞대고 있고 형무소(刑務所) 앞 큰길가에도 조그마한 것이지만 제법 음식 맛을 갖춘 집이 몇 군데 있어 주향(酒鄕)의 면목이 선다.

'만금상회(萬金商會)' 옆 골목길을 조금 내려가면 예전 매장(埋葬)하기 전엔 바로 바다이었는데 일각(一角) 대문(大門)집이 있어 1년 사시절(四時節)에 생선국을 끓이고 피둥피둥 뛰는 생선회를 먹는 집이다.

주인의 성명도 택호(宅號)도 잊어버렸고 지금은 매축(埋築)하여 대소(大小) 건어상점(乾魚商店)이 널어서 있어 지점(地點)마저 분별 목하겠으나 봄철의 북어국 쑥 날 무렵의 도다리국 겨울철의 대구국이 참으로 진미(珍味)여서 지방적인 구수한 냄새나는 토종 음식점이 없어진 것은 애석하기 짝이 없다.

아직 남아 있는 이 따위 음식집은 '무슨 할매집' 하는 식으로 불려 만만하기도 하고 허술하기도 하여 그대로 맛도 맛이거니와 또한 두터워지는 우의(友誼)로 해서 친근감이 드는 것이다. 예전 서성동(西城洞) '시민회관' 뒤에 '푸로식당'이란 집이 있어 참으로 멋진 불고기를 먹었다.

주인은 물론 아무도 옥호(屋號)를 부칠만한 정도의 음식점이 못되므로 처음엔 그저 '불고기집'으로 행세(行勢)하더니 차츰 널리 알려져 드나드는 손들의 입으로 '푸로식당'이라고 이름이 붙게 된 것이다. 연인(緣因)인즉 대중적이어서 값이 비싸지 않으며 주객(主客)이 마음 너그러워 안심하고 배불리 먹는데서 생긴 이름이다.

'푸로'라 함은 '프롤레타리아' 즉 무산대중(無産大衆)이란 뜻이다.

진짜 '프롤레타리아'라면 어찌 기름진 불고기를 배불리며 술을 마실 겨를이 있겠느냐마는 그 풍미(風味)로 하여 도한 헐값으로 하여 그렇게 애칭(愛稱)받는다는 것도 요즈음과 같은 각박한 세정(世情)으로 비겨보면 그래도 옛 그리움을 느끼는 것이다.

'카페'라는 것이 마산에 들어오기는 1930년경이다. 제1차 경제공황과 더불어 세계적으로 휩쓸어간 허무주의(虛無主義)가 고개를 들고 '데카당스'가 유행할 무렵이다.

'술이란 눈물인가 한숨이런가' 하는 노래가 유행하였다. 무의식가운데 저항의식(抵抗意識)이 서민들의 사이로 흘렀다.

이 서민층의 호흡에 알맞은 주점(酒店)으로 등장한 것이 '카페'라는 것일 게다.

실내(室內) 호화찬란하여 들어서기만 하여도 마음이 엄벙덤벙해지는데 20명 30명의 미희들이 꽃과 나비처럼 너울거려서 혹은 노래 부르고 혹은 춤추고 어울려 술을 마시니 흥이사 말할 것 없다.

마산서 제일 먼저의 '카페'는 지금의 대륙상화(大陸商會) 자리쯤인가에 '아카시아'란 일본인 경영의 것이다. 여급(女給)이 모두 일녀(日女)들이다. 자연 일인(日人)들의 주객(酒客)이 많았지만 한국 사람도 제법 큰소리하고 다녔다. 필자(筆者) 어려서부터 술 마시는 버릇을 때와 동서양 고금의 술을 다 잘 마시되 그 양(量)이 두주불사(斗酒不

辭)하므로 일찍이 '아카시아'는 퍽 단골이 되어 매석(每夕) 빠지지 않았다. 여기에 일인(日人) C라는 여급이 있어 그 모습이 '다니엘 다듀'를 닮았다고 하여 벗들이 모두 □□으로 서둘렀는데 얼마 아니하여 알고 본즉 그녀는 집안 아저씨 되는 분과 교분(交分)이 짙은지라 화가나서 이래 다른 '카페'에서 술 마셨다. 지금의 미도(味都)' 자리가 '공작(孔雀)' 그 옆에 댄스홀 하던 것이 '은하(銀河)'라 했으며 '안윤봉(安允奉)' 씨 집 '백옥(白玉)' 그리고 신마산 지금 '백옥'이 그때는 '적옥(赤玉)'이란 '카페'다. '은하'와 '공작'에 있던 여급 가운데는 '영란'과 같은 인텔리도 있었으니 그는 향토 연극운동(演劇運動)을 도운 바 많다.

*『마산일보』 1961. 4. 4.

낙수석금(落穗昔今) 11

마산(馬山)서 살고 있는 사람들은 그렇게 느끼어지지 않는데 외지(外地)에서 온 사람들은 마산은 골목길이 많다고들 한다.

통칭 마산의 3다(三多)로 이르데 오동동의 기생과 골목길과 또 그 골목길의 돌이라 한다. 모두 일단은 수긍이 되는 말이다.

15만 인구를 가지는 도시 치고 도시계획이 이렇게까지 되먹지 못한 곳은 국내에서도 없을 것이다. 도시의 중심지에도 여전히 4,50년 전의 고가(古家)가 그대로 있는가 하면 찌그러진 초가(草家)도 있어 가을이면 썩은 대를 걷고 지붕 이우노라고 길 가는 사람에게 함부로 뒤집어씌운다.

옆집이 최신식 문화주택(文化住宅)인 경우도 있고 병원과 같은 위생시설 또는 다방(茶房) 같은 것인 경우도 있으니 '넌센스'에 가깝다.

합방(合邦) 직후 20부(府) 창설 당시에 부(市)가 된 이래 서서히 발전한 마산은 그들 12부 가운데서 제일 발전하지 않는 곳으로 인구 약 2만 정도로서 현대문화의 양상을 갖추었으니 그때로 보면 이상적(理想的) 소도시라 할 수 있었다. 기후(氣候)는 온화하고 풍광(風光)은 명미(明媚)하여 문자 그대로 한국의 '나폴리'라 자랑하였다. 그것이 8·15해방으로 소위 귀환동포(歸還同胞)가 때로 밀려와서 추산공원(騶山公園)을 허뜨리고 판자(板子)집을 짓고 중앙동(中央洞) 매축지(埋築地)를 미창창고(米倉倉庫)까지 점거(占據)하여 일시에 부풀게 되었다. 다시 6·25사변으로 피난민이 전국에서 모여들어 콩나물 서 듯 공지(空地)마다 판자집을 짓고 사람이 북적거리기를 미구라지 소금 뿌려 놓은 것처럼 되어버린 것이다.

그럼에도 도시계획 그 자체에는 변화가 없으니 모순이 없을 수 없는 것도 당연한 일이다. 그러나 한편으로 한 고을에 그 옛날의 모습을 지니고 있는 것이 있으므로 그 고을이 가지는 정서(情緖)의 또 다른 맛이 있어 너그럽기도 한 것이다.

그런 의미로 마산의 골목길은 이 고장의 독특한 정서가 되기도 한다.

벗과 함께 산보(散步)를 나섰는데 당신이 지금 '조철자동차부(朝鐵自動車部)' 옆 '진양여관(晉陽旅館)' 입구에 섰다고 하자 그 골목길을 끼고 북상(北上)하여 가다가 '학산여관(鶴山旅館)' 앞에서 동쪽 골목길에서 오는 아낙네를 만난다. 친구의 부인이다. 인사를 주고받는데 저자 바구니를 들고 있는 것으로 보아 시장엘 가는 게로구나 짐작이 된다. 그 길로 서행(西行)하면 이발소가 있는 큰길에 나와서 다시 은행 뒷골목으로 하여 시장으로 들어가기 때문이다. 부인과 헤어진 다음 당신은 벗과 함께 그대로 북상(北上)하여 종로(鐘路)를 횡단(橫斷)하여 '백랑(白廊)' 다방엘 들어가서 차를 한 잔 하고 다시 나와서 그대로 골목길을 끼고 북쪽으로 간다. 가는 도중 동서(東西)로 골목 몇몇을 볼 것이다. 우선 '백랑' 뒷골목 조금 가다가 시민극장으로 나가는 골목길 이 길은 대로(大路)를 꺾어 '시민극장(市民劇場)' 뒤로 꼬불꼬불 돌면 역시 시장으로 나선다. 시장에 가는 길은 부인(婦人)들의 용무인즉 당신과 벗은 그대로 올라가는 것이 산보 '코스'로 좋다.

'고달순(高達順)불고기집' 뒤에 오면 골목길은 조금 서쪽으로 구부러지고 또 갈림길이 되어 있다. 동쪽 길을 버리고 구부러진 쪽으로 가면 '후미끼리' 앞 대로상(大路上)에 나서게 되어 골목이 끊어지고 만다. 어디로 이어졌던 것일까. 만일 당신이 당황하여 이 골목길의 연결을 쉬히 짐작 못하신다면 당신이 분명 30대 안쪽의 청년이란 연령이 표시되거나 그렇지 않으면 어릴 적 마산에서 자라지 않았다는 증거가 된다. 그 길은 중앙교회 옆 골목으로 가서 다시 큰길에서 끊어진 것 같으나 목욕탕 뒤에 골목이 있었는데 지금은 없어졌으나 그것이 성호초등학교(城湖國民學校) 입구 바로 첫째 골목길로 뻗어 포교당(布敎堂) 뒤로 나간다. 이로써 이 골목길이 50년 전에는 마산의 남북(南北) 최대의 간선도로(幹線道路)였던 것이다.

* 『마산일보』 1961. 4. 5.

낙수석금(落穗昔今) 12

남북(南北)을 관통한 골목에 또 하나 큰길이 있다.

기점(起點)을 문창교회(文昌教會)로 한다. 지금은 모두 훌륭한 주택이 되었지만 예전에 말집이라고 해서 말을 많이 가지고 있어 마차업(馬車業) 전문하던 집인데 '낙양(落陽)' 다방 근처다.

그 뒷길로 해서 약주(藥酒)회사 뒤로 한참 내려오면 구마산역(舊馬山驛) 가는 철로에 나온다. 철로를 넘어서 오동동(午東洞)으로 가도 좋지만 창동(倉洞) 골목으로 들어서기로 한다.

이 골목길을 그대로 남하(南下)하여 삼남여관(三南旅館) 앞까지 오면 길이 또 두 갈래로 나온다. 하나는 '25시'다방 옆으로 끼여가는 그야말로 골목길이고 하나는 건너 무슨 다방 새로 삼각형 한 변(邊)을 건너서 대로(大路)로 나온다. 여기는 참 복잡하다.

별장(別莊) 골목으로 들어가는 길도 있고 조금 대로를 남하하면 '삼성병원(三省病院)'으로 들어가는 골목도 있다.

내친 걸음에 '삼성병원' 길로 들어서면 남성동(南城洞) 대로(大路) 거쳐 고음국집 거리에 들어선다.

'거성(巨星)'다방을 비롯하여 '망월여관(望月旅館)'이 있고 해서 지금은 현대적인 맛이 있는 골목길이라고 하겠지만 여기는 역시 향토적 풍미(風味)로 말한다면 '고음국집' 거리라고 해야 진짜가 된다.

'고음국' 하면 마산(馬山)이 본방(本方)이기도 하지만 그래도 전국 최고의 미각(味覺)과 영양(營養)을 자랑하는 우리 고장의 자랑거리다.

6·25 때 전국 피난민이 모여와서 직접 보고 간 까닭이겠지만 그 맛이 여간 아닌 것 같아서 서울은 말할 것도 없지만 경향각지에 택도 아닌 잡종(雜種) 음식을 팔면서도 간판은 덩그렇게 '마산식 고음

국' 따위로 내걸어 놓은 것을 보면 한편 우습고 한편 자랑스럽기도 하다.

그런데 마산서 '고음국' 하면 어찌 그렇게 유명해졌을까. 미각과 영양 그것으로만 따진다면 남들이 본따서 할 수도 있는 것이 상업(商業) 아닌가. 그렇다면 상업을 초월해서 베풀 수 있는 무엇이 있는가. 아마 그런 산법(算法)이 바로 영리(營利)의 법칙도 아닐지라도 혹 그런데 역리(逆理)의 원칙도 있을는지도 모른다.

마산의 '고음국집' 효시는 지금의 '엉터리 고음국집'이란 집이다. 우리 고장 출신 예인(藝人) 김용호(金容浩) 씨의 선친이 바로 그 효시의 주인이시다. 워낙 성품이 꼼꼼하시면서 외고집이어서 신용(信用)과 청결(淸潔) 또 친절로서 시종일관하였기 때문에 마침내 대성(大成)하여 '고음국집' 원조가 되고 이로서 이 고장의 특색 음식의 하나를 만들매 그것이 마침내는 전국적으로 이름을 얻게까지 하였다. 너무 성격이 곧으니까 공사(公私)없이 곧아서 그들 부자(父子) 사이에도 애정이 오히려 맑아 일찍이 김용호(金容浩) 씨의 말에 의하면 '아버님은 돈밖에 모르신다'고 원망하는가 하면 그의 아버님은 '아들이 너무 돈을 모른다'고 하시어서 이념(理念)상의 거리보다는 오히려 경제관념의 상차(相差)를 내세우는 듯하였다.

그러나 아들은 자진성취(自盡成就)하여 일국(一國)의 대시인(大詩人)이 되었고 어버이는 그대로 근근각고(勤勤刻苦)하여 가산(家産)을 모우고 또 상업으로 전국에 그 이름의 원주(元主)가 되시니 다 각자의 개성(個性)과 창의(創意)가 높다하여 오히려 존중할 바라고 하겠다.

더우 오래도록 부자(父子)가 서로 상극하는 듯하더니 6·25동란 후 아직 생활이 불안할 때임에도 노경(老境)의 아버님을 서울로 모시고 효도하다가 세상을 떠나시게 했다하니 놀라웁고 부러울 뿐이다.

이야기가 딴 데로 달아났으나 이 골목길은 마산서 둘째가는 남북(南北) 간선도로가 되는 것이다.

*『마산일보』 1961. 4. 9.

'불종거리'로 속칭(俗稱)하는 여기 삼각로(三角路) 일대는 참으로 '골목길'의 '온파레이트' 같은 느낌을 줄 만하여 여기도 저기도 골목이어서 이리로 꼬불 저리로 꼬불 참으로 재미있다. 그것도 그런 것이 여기가 50년 전의 옛날에 마산의 최대 번화가의 중심대(中心帶)인 것이다. 종로(鐘路)가 서울 제일가는 번화가라 해서까지의 제일 큰 시가로(市街路)를 그대로 '종로'라 부르게 된 것은 그럴듯한 일이겠지만 서울 '종로'에 인경이 있듯이 마산의 '종로'거리에도 그와 비슷한 '명물(名物)?' 하나 있으니 곧 '불종'이란 것이다. '불종' 하면 요즈음 어린 사람들에겐 얼른 통하지 않을 것이나 소방서(消防署)에 있는 감시탑(監視塔) 같은 것이다. 높이가 약 10'메타'쯤 되는 사닥다리가 있는 망루(望樓)를 세워두고 그 꼭대기에다 종(鍾)을 매달아 놓은 것이다. 지금의 소방서는 소방서 직원이 잇어 평소 감시하고 있다가 화재가 발생하면 '사이렌'을 울려서 온 시민이 다 알고 관계(關係) 관서(官署)가 동원되어 소화(消火)하는 것이 마치 군대의 출동 같아서 그 기동력이 어마어마하지만 옛날엔 어디서 불이나면 그것을 제일 먼저 발견한 사람이 '불이야 불이야' 고함질러 주인(主人)에게도 알리거니와 역시 '불이야 불이야'를 연발하며 달음박질하여 '불종거리'로 달려와 여기 망루에 기어 올라가서 상비(常備)되어 있는 '종채'를 뽑아 들고 힘껏 종을 난타(亂打)하는 것이다.

아닌 밤중이나 늦잠 깊이 든 새벽 무렵일지라도 이 종소리가 요란하게 들려오면 '아 불났다' 하고 남녀노소 할 것 없이 일단 일어나 밖으로 나가서 불난 곳을 살펴 이웃이 아니라도 '아 저기가 서성(西城) 모퉁이 아닌가. 아무개집 근처 같구나. 무엇아 빨리 가 봐라'고

노인들이 호들갑거리면 젊은이들은 헛간에 가서 사닥다리를 들고 나와 추녀 끝에 세우고 지붕 위로 기어올라가서 한 번 더 출화점(出火点)을 확인하여 보는 것이다.

제법 큰 화재 같으면 집집마다 이렇게 기어올라간 노소(老少)로 하여 야단들인데 불난 곳이 좀 가깝기라도 하면 화광(火光)을 받아 발갛게 물들은 듯한 밤하늘의 지붕 위 사람 그림자가 그대로 그림같이 느끼어지기도 한다. 좌우(左右)튼 불이 쉬이 까물어지지 않으면 이 불종을 치려 올라간 사람의 고역(苦役)은 참으로 대단한 것이다. 화력(火力)이 강해지면 더 힘차게 쳐주는 것이요 화력이 조금 죽어가면 적이 안심하라 듯 힘을 낮추어 준다. 이렇게 하여 완전 소화에 가깝게 되도록 종을 치는 것이다. 때로 대화(大火)가 되어 수시간(數時間)을 경과하는 경우가 되면 불 난 곳 못지않게 '불종' 밑에서 사람이 모여 다음 다음으로 교체하는 것이다. 이웃에 사는 사람들은 탁주를 내어오기도 하고 혹은 더운 국을 내어와서 이 용사(勇士)들을 대접하는데 이 영광스러운 환대(歡待)를 받는 용사들을 보려 모여온 어린이들은 그들의 얼굴을 동경에 가득 찬 눈으로 우러러 보기도 하고 또 가슴속에 '나도 커면 저분과 같이 불종을 쳐 보리라'고 단단한 결심을 하고 두 주먹을 쥐기도 하는 것이다.

이리하여 가호(街號)가 '불종거리'가 되어 공로(公路) 가운데에서 시민과 더 한층 우의(友誼)를 가진 곳이니 불종이 섰던 자리는 지금의 '들장미' 다방 옆이 된다. '들장미' 다방 옆 골목이 북으로 종로(鐘路)를 횡단하면 '삼산여관'으로 들어가는 골목이 되고 남하(南下)하면 대로(大路)로 나왔다가 다시 삼성병원 골목이 되어 바다에까지 이르고 또 한 길은 오동동 쪽으로 간다.

'25시' 다방 옆 좁은 골목을 건너서 오동동 목욕탕길 골목으로 들어간다. 마산의 모든 골목길은 불종거리로 간다고 해도 좋을 것이다.

*『마산일보』 1961. 4. 11.

낙수석금(落穗昔今) 14

지금 뜻있는 시민의 여론(輿論)꺼리가 되어 있는 공설운동장이 그 옛날엔 노비산(鷺飛山) 산록에 지리잡고 있어 이 고장 신문화운동의 일익(一翼)을 담당하면서 가지가지 자랑할 만한 체육계(體育界)의 '참피온'을 배출하기도 하였다. 일찍이 축구(蹴球)라는 구기(球技)가 들어와서 짚신에 감발을 차거나 그것마저 신통치 않아서 맨발로 '볼'을 차는 것인데 그래도 신기하게 그 기술(技術)이 일취월장하여 드디어는 전국 도시 대항전 같은 데서도 패권(覇權)을 다투는 때도 있어 자못 자랑스러웠을 뿐 아니라 야구(野球) 같은 경기도 한때 '마산 야구' 하며 전국 도시 대항전의 우승 후보 '팀'이 될 만큼 그 실력을 자랑하였다.

'무학산(舞鶴山) 그림자 씩씩한 정기(精氣) 타고 용감하게 나가는 우리의 선수(選手)' 누가 지어 부르기 시작한 것인지도 모르는 사이에 모두 입에 익어버린 응원가를 부르며 그 기세(氣勢)는 충천하는 듯하여 신문화의 개화사상은 기독교나 새교육과 더불어 체육으로 하여 더욱 호기찬란하였던 것이다.

그 터전이 바로 노비산 밑 전도관사(傳道官舍) 있는 곳의 운동장이다. 또 노비산 그 자체가 마산서 신문화 개화(開化)의 본거지요 온상인 바 일찍이 기독교회(基督教會)가 들어오자마자 호주(濠洲) 선교사가 여기 산상(山上)에 그들의 주택을 지었으니 신마산 일대의 노서아식(露西亞式) 건물과 그들의 영국식(英國式) 건물은 바로 대조적이 아닐 수 없었고 노서아식 건물에 우글거리는 그들이 근대사(近代史)에 최고우월적인 추구를 노정한 제국주의자의 소굴이라고 한다면 여기에 집결한 선교사들은 그들 노쇠(老衰)하여가는 제국주의에 대항하는 신흥자본주의의 새 이념인 민주주의를 표방하였다는 것도 재미있는 대조(對照)다.

선교사들의 호화스러운 생활양식이 바로 우리 고장 사람들에게는 개화(開化)의 표징(表徵)인 것처럼 보여 그 일거일동(一擧一動)이 그대로 반영되었었다. 초대 선교사로 '아렌' 목사란 분이 있어 목사로서 뿐 아니라 창신학교 교장으로서도 많은 공로를 남기었다.

이 분은 '피아니스트'이기도 하였다.

그는 우리나라에 최초로 '피아노'를 수입한 사람이며 또 그 악기를 우리 사람에게 처음 교수(教授)하였다 하니 음악사상(音樂史上) 뺄 수 없는 존재라 하겠다.

그의 소유(所有)하던 피아노를 뒤에 '의신유치원(義信幼稚園)에 기증하였다.

그것이 지금도 그 유치원에 남아 있으니 골동품적 가치에서도 흥미있는 일이라 하겠다.

그들이 신문화(新文化)의 가지가지 부문(部門)에 걸쳐 수입하여 주고 배워준 것이 이와 같았으니 체육(體育)도 그들을 통하여 우선 창신학교에 전하여지고 그것이 직접(直接)으로 지방 청소년들에 전하여 진 것이다.

노비산은 높지도 않고 낮지도 않은 언덕바지라 시가(市街)를 내려다보며 신문화의 호응을 불어내렸으며 개화시민(開化市民)은 놓칠세라 기를 쓰고 받아들였던 것이다.

그 산에서 울려오는 찬송가와 창가(唱歌)는 시대의 선창(先唱)이 되어 노래 부르게 되었으며 거기서 행하여지는 가지가지의 동작

(動作)은 시대의 유행이 되었던 것이다. 의신학교 여선생의 옷차림과 '헤어스타일'은 오늘의 양장점(洋裝店)이나 미용원(美容院) 이상의 위력을 지녔던 것이다.

또 이야기가 단 데로 너무 흘렀으나 노비산 밑 운동장은 이렇듯 신문화 수립과 더불어 우리 고장 젊은이의 피 끓는 그 정열(情熱)의 도장(道場)이었던 점을 일정(日政)이 점점 살쪄감에 따라 그들에게 아부하여 배꼽에 기름을 올리려는 민족반역(民族反逆)의 무리가 이 운동장을 공립학교 증축비로 상정하여 버렸으니 가증(可憎)할 노릇이다.

*『마산일보』 1961. 4. 12.

5부

기타 산문 작품

'당신은 누구세요.'

너무 놀라서 <구람>은 눈알을 똘레똘레 하고 있다가 게우 정신을 차리고 이렇게 물었습니다.

'나 난 행상꾼이야.'

노인은 대답했습니다.

'그럼 뭣을 파시나요.'

'뭘 팔다니? 이걸 보듬어 묶어라도 사고 싶거든 사요. 없는 게 없으니까.'

노인이 이렇게 말을 하므로 <구람>은 이때로구나 생각하고 바짝 정신을 차렸습니다.

그리고 간절히 말했습니다.

'할아버지 그럼 그 병에다 웃음을 깍 채워 주세요.'

그 말을 듣더니 노인은 머리를 옆으로 쩔쩔 흔들더니

'웃음? 웃음이란 하느님께서 제마다 정해주신 보물이거든. 누구나 행복하면 지대로 웃어지는 거야. 그건 사고팔고 할 수는 없는 것이다. 이렇게 말한 노인을 아가 나타날 때처럼 아주 눈 한 번 깜짝할 새도 없이 어데론지 스르르 사라지고 말았습니다. 잡으려던 행복을 놓쳐버린 우리 불쌍한 <구람>은 두 눈에 눈물을 방울방울 흘리면서 노인의 사라진 자체를 하염없이 바라보고 서있었습니다.

세상에 웃을 줄 아는 어린 동무들이여. 그리고 날마다 날마다 웃으며 즐겁게 지낼 수 있는 행복한 동무들이여. 우리 <구람>의 억울한 자태를 생각해 보십시오. 얼마나 가련하고 불쌍합니까.

그 찰라였습니다.

<구람>은 깜짝 놀라서 한 걸음 물러나왔습니다. 왜냐? 하면은요. 부시락 부시락 소리가 나더니 발밑의 풀잎이 오두루 떨지 않습니까? 그리고는 난데없든 토끼가 한 마리 톡 튀어 나왔습니다. 참 예쁜 토끼였습니다. 그리고 토기가 말을 합니다.

(…중략…)

그러면 토기가 시키는대로 열심히 기도했습니다.

그러니까 멀리서 모기소리 같은 가느다란 노랫소리가 들려 왔습니다.

하늘의 아버지 영광 만세.

만백성 모두 다 찬송하세.

2, 영혼의 주되신 내 아버지,

땅 위에 생존한 만백성들

주님의 은혜로 기뻐하네.

노랫소리는 점점 가가와 왔습니다. 합창하는 천군 천사에 쌓여서 하늘의 왕자는 커다란 열쇠를 들고 내려왔습니다. 왕자는 오색찬란한 하늘의 문에 나와서 열쇠로 문을 열었습니다. 금빛이 황홀히 온 세상을 두루 비치어 줍니다. 그 가운데로 둥그런 햇님이 반가이 웃으시며 솟아올랐습니다. 종달새는 보리밭에서 잠을 깨고 하늘을 향해 높이 날아오르며 노래 부르기 시작했습니다.

아침 이슬을 머금고 꽃잎들이 한들한들 춤추며 꽃밭에의 아름다운 잔치를 베풉니다. <구람>은 이 위대한 새날에 멍하니 섰다가 이제사 이 새날을 맞이하는 것이 제 자신이란 것을 알았습니다. 그 때 <구람>은 저도 모르게 하하...... 하고 웃어버렸습니다. 아 <구람>이 우셨습니다. 얼마나 기쁜지 모르겠습니다.

여러 동무들 우리도 이처럼 아름다운 새날을 맞이하기 위하여 정신껏 애쓰고 수고해야 하겠습니다.

*『가정신문』 1946. 3. 25.
* 3월 26일자 빠져 있어 '중략'으로 처리

『소연가』 후기(後記)

이렇게 막상 책 한 권을 짜놓고 보니 너무도 치열(稚劣)한 상(想)과 미숙(未熟)한 수법(手法)이 마음에 언짢고 눈에 거슬리므로 부끄러움을 금치 못하나 마음 고운 벗들이라 굳이 권하기에 무릅쓰고 오늘의 이 책이 된 것입니다. 더욱이 어린 후진(後進)을 위하여 정성(精誠)과 우의(友誼)를 다하여 서문(序文)을 써주신 청마 유치환(靑馬 柳致環) 선생에게 삼가 감사의 절을 올립니다.

시집(詩集)이면서 우리글을 올바로 쓰지 못함이 퍽 부끄러운 일이라 경남고녀(慶南高女) 박영환(朴永漢) 선생님이 바쁘신 틈에 힘껏 고쳐주셨는데 인쇄 교정의 부주의로 만신창이의 오자(誤字) 투성이가 된 것은 선생님의 은혜를 저버리는 듯 죄송합니다. 독자에게도 미안하여 아울러 사과합니다.

또 설상가상(雪上加霜)의 봉변(逢變)으로 오영수(吳永壽) 학형의 꾸며주신 어여쁜 장정(裝幀)이 인쇄소의 화재로 원고를 상실하여 원화(原畵)와는 얼토당토 않는 모습이 되어 버렸으니 이 또 무엇으로 사죄하오리까.

이 여러 가지 죄상(罪狀)을 묶어 올리며 다만 앞날의 내 자신과 우리 겨레를 위하여 힘껏 아름다운 시(詩)를 가지려 애쓰겠습니다.

* 『소연가』 1947. 2.

내가 좋아하는 여성(女性)

양귀비면 어떻고 크레오파트라 황진이나 춘향이면 또 어떻습니까. 대체 사람이란 제멋으로 사는 것인데 여자(女子)라여 좋지 않다고 규정할 어떤 권리가 있겠습니까. 그럼 또 이런 타입 저런 성격이 좋더라 한댓자 그 점 제멋대로 짓기는 말이 저 누가 안타까워 귀를 기우리겠습니까. 그렇다고 모처럼 물으시는 말씀에 그저 이렇게 우물쭈물 넘길 수도 없는 일이니 한마디 드리겠습니다. 내가 좋아하는 여성은 평범한 여성이라고 하겠습니다. 새 시대를 영위해 가는데 씩씩한 용맹과 명랑한 성품이 없는 여성으로선 부적당하겠습니다. 그래서 씩씩하고 명랑하다는 말씀은 인정이나 교양을 가리켜 하는 말씀인데 남성들이 약점이나 들어 비방하는 남녀동권론자나 무턱대놓고 떠들고나서는 선동쟁이 까불이 여학생 그와 비슷하여 나라는 혼자서 세울 듯 분주한 정치가 십리밖에 낳다나도 온 집안이 떠들썩해지고 저돌거리가 말모양으로 우당탕거리는 여자 체조선생 등 이런 타입은 여기서 제외합니다. 말하자면 어둡고 찬 방에 따스한 햇볕이 쪼여들 듯 따뜻하고 밝은 분위기를 만들어주는 여성이라야 합니다. 뭐 특별히 공부를 많이 한다거나 수양을 남달리 한다거나 몸단장을 유의한다거나 그런 것이 아니고 그 사람의 천품과 교양에서 우러나오는 것이겠습니다.

* 『부인신보』 1947. 6. 10.

녹음단상(綠陰斷想)

집을 비우고 나그네 살림살이 아니 떠내기 살림살이가 어언 간에 4,5개월이나 되고 말았다. 마음에 맞지 않는 교원(敎員)이나마 10년 가까운 세월을 두고 같은 질수로 밥벌이를 해왔느니 만큼 얼른 다른 궁리가 생겨나올 수도 없는 것이어서 낮이면 집을 나오기는 나오지마는 가는 곳이라곤 곧장 같은 코스여서 신문사나 잡지사쯤인데 그나마 가는 곳마다 찌푸린 이마가 더욱 찌푸러지는 판이라 꽃이 피어도 꽃이 져도 감각(感覺)은 계절에 있는 것이 아니라 마음과 생활과 환경의 밸런스에 있다는 것을 새삼스럽게 느끼는 것이다. 귀거래사(歸去來辭)를 엮은 도연명(陶淵明)의 심적(心的) 세계는 봉건제도(封建制度)의 울안에 살아온 데 울어나온 동양적(東洋的)인 낭만주의(浪漫主義)에 있었겠지만 자본주의(資本主義)가 민주주의(民主主義)로 발전하려는 혁명단계(革命段階)에 선 오늘의 가난은 포리(捕吏)가 쫓는대로 산속 동굴조차 한 개 살아있는 전지가 되어 있고 전원(田園)이 자연(自然)이 과학(科學)으로 입각(立脚)하여 오히려 치열(熾烈)한 생활(生活) 속에 클로즈업 되고 있지 않느냐. 불우(不遇)한 시인(詩人)이 있어 서울서 쫓김을 받고 낙향(落鄕)을 해도 서울에 못지않는 눈초리만 세우는 판이니 종소리 요란하고 곡성(哭聲) 슬프면 슬플수록 더욱 애끊는 가락이여라. 번역(飜譯)되어 지가(紙價)가 오를 것인가. 말이 복구(復舊)되고 글이 되돌아 써진다 해서 민족(民族)이 되는 것도 아니고 조국(祖國)이 광복(光復)하는 것도 아니며 해방(解放) 4년을 경과하여 민생(民生)이 도탄중(塗炭中)에 있어도 허울만으론 살 수 없는 것이며 남북(南北)이 가로막히고 외(外)군의 말굽소리가 화려강산(華麗江山)에 사진(沙塵)을 휩쓸어도 독립(獨立)이 있단 말인가. 몰염치(廉

恥)하여 도천(盜泉)의 물을 마시는 시인(詩人)이 있고 예술가(藝術家)가 있다면 춘추(春秋)에 불의(佛意)의 필(筆)이 남을 것이다.

정국(政局)이 혼란(混亂)하여 치가(治家)가 서로 싸운다면 사적(史籍)이 정사(正邪)를 가릴 것이나 문단(文壇)에서 파쟁(派爭)에 눈이 어두워 사대(事大)를 좇고 의(義) 아닌 변(辯)을 농(弄)하여 중상(中傷)의 글을 쓰는 사이비(似而非) 인(人)이 □□에서 문학(文學)을 가르친다면 실로 우리 문단(文壇)은 중세의 당쟁문학(黨爭文學)의 아류(亞流)일진대 어찌 그 약소배(若少輩)가 천하(天下)의 문장(文章) 권석부(權石洲)의 발끝을 따르랴. 꽃 지는 마을에서 술집을 물으면 목동(牧童)이라도 행화촌(杏花村)을 가리키는 풍정(風情)이 있어 싸우다가도 술 마시는 여유(餘裕)가 있었다. 외오라지 정(情)스러운 것이 순정(純情)이 순수(純粹)의 바탕이 되지 못하면 마땅히 지혜(知慧)의 시찰(視察)로써 이룰진대 테로와 자본(資本)에 합작(合作)한다면 과히 후세에 남을 리가 만무(萬無)하다. 차라리 음풍영월(吟風詠月)만도 못한 것이 아니냐. 아미 산월반륜추(山月半輪秋)를 외운 태백(太白)도 불우(不遇)하면 적지(適地)에 유거(幽居)하는 수 있었으니 어찌 공명(空名)을 탐하여 시류(時流)에 사느뇨. 뿐만이 아니라 대개 고함(高喊)처 남을 욕(辱)하는 자(者) 흔히 사악(邪惡)이 있는 법이니 연(蓮)꽃이 진흙 가운데 있으면서 고귀(高貴)한 덕(德)은 겸손(謙遜)한 탓일까. 일제(日帝) 때 일제를 찬송(讚頌)한 시인이 말만 바꾸고 글만 고쳐서 한얼(魂)이 높아질 리는 없는 것이니 여기에 예술은 길고 인생은 짧은 진리가 있다. 남아(男兒) 평생의 소원을 묶어 예술에-시에 뜻 두어 남은 것이 부모처자(父母妻子)를 헐벗기고 굶주리게 하는 이 땅에 생(生)을 받아 진실(眞實)

로 염원(念願)이라면 우리들 자손만대(子孫萬代)에 초석(礎石)이 됨이니 이제 새삼스럽게 사람 사는 법칙(法則)의 두려움을 알겠다.

어느새 녹음이 짙어 하늘을 가로막고 무르녹는 수향(樹香) 그늘에 긴 꿈을 꾸어 청춘(青春)의 지도(地圖)를 펴보고도 싶다. 가령 불국사(佛國寺) 석종(夕鐘) 사이사이로 울음 우는 두견(杜鵑)··· 오래간만에 집을 찾아 애기들을 봤는데 이놈들은 보자마자 그림책을 사 달라 매달린다. 일전(日前)에 해산군(海山君)이 내 대신(代身) 사주었다는 그림책에 실린 그림 한 폭에는 흰 돛단배가 창파(蒼波)를 헤치고 대해로 가는 것이 있었다. 5월이 지나고 6월이 되면 송정(松亭) 바닷가에도 가보고 싶구나.

*『부산신문』 1949. 6. 2.

『우수의 황제』 후기(後記)

◎ 봄이 저 혼자서 왔다 가고 여름도 가고 가을도 가고 이렇게 시간이라는 것이 법칙으로 흘러가는 것인가. 대체 사람이라는 게 그 시류(時流) 속에서 얼마만한 족적(足跡)을 바탕하고 그곳에 머물러 '산다'는 사실을 구성하는 것인지 모른다.

◎ 애궂게도 인생의 긴 여정 가운데 그 무엇을 남길려고 애를 쓰고 악착하는 범리(凡理)를 어찌할 수 없는 것이다. 이런 범리로 말미암아 나는 무척 많은 고초를 겪어 왔다. 넘친 말이나 40의 행로에 남보다 더 굶었고 넘보다 더 헐벗었다고 스스로 탄식하는 때가 많다. 이 지극히 작은 조건 속에서 예술(藝術)이 시(詩)가 생멸(生滅)하고 있다는 것에 회의가 생기지 않을 수 없다.

◎ 그 무수한 사람의 더 무수한 삶과 그보다 더 다양한 자연(自然)과 우주(宇宙)의 법칙 가운데서 또는 애호가로부터 오늘의 신(神)과 사람에 의한 그 수많은 종교(宗敎)와 사상(思想) 속에서 내가 비로소 발견한 것이 있을 것이며 내만이 가졌다 할 무엇이 있을 수 있겠는가. 그럼에도 시는 여전히 창조(創造)에 속하고 개성(個性)에 의한다고 하면 이 천하(天下)에 오만(傲慢)한 초인(超人)이 하늘 아래 머리 두고 살아 마땅하겠는가.

◎ 그러나 달리는 마소처럼 앞을 가릴 새 없이 부딪쳐 보고야 말 것이 있지 않는가. 이 무모(無謀)한 마소가 되어 한참 달리다가 되돌아보면 길을 잘못 들었을 때도 있다. 되돌아가기가 힘들지 마는

그 때문에 세상 구경을 좀 더 한 셈이 아닌가. 결코 원망(怨望)도 회한(悔恨)도 있을 수 없다.

◎ 별과 별 사이에 또 하나 다른 세계가 있는 것이다.
거기에는 수많은 사랑하는 사람들이 있다.
사람이란 것이 있는 것이다.
열여섯 살 소녀(少女)는 휘파람을 불며 노래를 외어주고
서른다섯 살 미망인(未亡人)은 애인(愛人)이 되어 주기 위하여
밤을 기다린다.

◎ 내가 즐겨 시를 쓰는 까닭이다.

또한 내가 즐겨 시를 쓰는 때는 저녁이 밤으로 이어가는 시간이다. 저녁은 허식(虛飾)에 있고 밤은 허망(虛妄)을 가져 오기 때문이다. 허식에 감상(感傷)이 있고 허망에 절망(絶望)이 있다. 초조와 불안 끝에 피로(疲勞)와 적요(寂寥)가 지치면 나는 술을 마신다. 이 신비 오묘한 선약(仙藥)으로 하여 황홀한 찰나 희열의 촛불은 탄다.

◎ 속단(速斷)하지 마라. 습성에 의하든지 생리(生理)에 의하든지 혹은 이성이나 지성으로 말미암든지 다만 궁극에 지달(至達)하는 곳은 현실이다. 초현실적 비가(悲歌)를 외우는 때도 예술은 현실을 반역할 수 없는 숙명을 지녔다. 현대시의 이율배반이 이리하여 에스프리가 되는 것이다.

◎ 여기에 모운 시는 불의(不意)의 사정으로 없어져 버린 나의 제2시집 『반추(反芻)』 이후 6·25로 하여 가져온 내 개인의 정신적 동향과 시에 대한 내 개인의 추구를 지향하는 지극히 개인적인 기록이다. 그러므로 시단(詩壇)이나 시론(詩論)의 어떠한 집단행위와도 상관이 없다. 나는 고독에는 익숙해졌고 그만큼은 교만할 수도 있는 것이다.

◎ 이 시집은 마산문총(馬山文總) 회원과 마산기자단장(馬山記者團長) 이진순(李珍淳) 학형의 내게 대한 무한한 우의와 유인호(兪麟浩) 씨의 물심양면의 원조(援助)로 세상에 나오게 된 것이며 삽화(揷畵)는 전부 마리 로랑생의 그림을 썼다. 이는 시인이고 화가인 여인(女人) 로랑생의 예술을 사랑하는 지나친 욕심에서다.

4286년 정월 모일 고향 초우(草寓)에서 저자 식(識)

*『우수의 황제』 1953. 2.

「창(窓)」에 대하여

「창(窓)」(Les Fenetres)은 R. M. 릴케가 그의 만년에 여기(余技)로 불어로써 대작(大作) 「과수원」, 「발레이 4행시(四行詩)」 등을 쓰게 된 시대의 시작(試作)에 속하는 소시집으로 그의 사후(死後) 시인의 여친구였던 화가 바라딘이 손수 10매의 삽화를 그려 1927년 파리의 리부레이. 드. 프랑스에서 500부 한정판으로 간행하였던 것이다. 토룬운트 탁지스 공작부인의 「릴케의 추억」이라는 글 가운데 인용된 이 시인의 편지에 의하면 1913년 1월의 어느 날 시인은 무어라고 설명할 수 없는 심정에 쏠리어 「성(聖) 루이 도(島)」(시인은 이때 파리에 살았다)의 호텔 괌멜 쪽 안쥬 하안(河岸)을 거닐고 있었다. 이 시가(市街), 저 시가. 이어 솟는 추억들이 차고 넘쳤다. 그것은 참으로 이상한 생각의 오후였다. 거리마다 용의주도하게 깊이 덮이고, 정적(靜寂)에 싸인 높은 창들 밑을 거닐 때, 꼭 그 창들이 커튼을 걷어 올리는 것 같았다. 그것은 마치 자기(自己)를 위하는 것 같았다. 자기가 만일 그 창 있는 곳으로 들어가기만 하면 되고, 또 일체 거기에 스민 향기까지 남김없이 설명할 수 있을 것만 같았다. 거기서는 자기가 올 것을 꼭 기다리고 있는 것 같고, 들어가기로 결심만 하면, 그 암울한 집들이 모두 광명을 얻어 들일 것만 같이 여겨졌다.

이 「창(窓)」의 세계는 이렇듯 이 시인의 파리 체재(滯在) 중 생활 경험의 집결이 시인의 최대의 기록 「두이노의 비가(悲歌)」가 이룩되는 중한 모티프가 이 가운데도 많을 것을 생각하면 인생의 굽이굽이를 감돌아 체관(諦觀)을 통하여 구원(久遠)에 통한 신려(神慮)에 가까운 것을 지닌 노경(老境)— 일체의 신성(神聖)을 경건하게 느끼게 하는 것이다.

* 『동경』, 1951. 10.

향토문화운동관견(鄕土文化運動管見)

-문화협의회에 일언(一言)함

일반적인 의의로써 문화운동 하지마는 여기에는 약간의 근본적인 문제가 해명되고 그러한 입장에서 전개되지 않으면 안될 것임으로 몇 가지 요점을 들이서 논의되고 있는 <마산문화협의회> 문제에 일언을 제(提)코저 한다.

우리의 문화정책의 대요(大要)는 민족문화 수립이라는 점에 귀결되었으며 이것은 건국의 근본이념과 정책의 일체(一切)와 연결되어 문화국가로써의 대한민국 부동(不動)의 이념이 되어있는 것이니 모든 문화운동의 동력과 이념이 민족문화 수립의 길에 있는 것이다. 그러므로 우리가 말할 수 있는 모든 문화라 함은 즉 민족문화라는 대요에 귀일(歸一)되는 것이다. 본래 문화는 생활이나 문화의 일체 양상은 비록 범위가 광범하고 양식은 고도로 전문적인 분야를 이룩하고 있지만 이것을 작용하는 내용은 생활의 전체에 긍(亘)하는 것으로 오늘의 인간생활에 있어 문화를 떠나서 고립할 수 없음은 말할 것이 없다. 왕왕 '나는 문화인이 아니니까' 혹은 '그것은 문화인들이 하겠지'라든지 하는 말을 정치가나 경제인이나 심지어 교육자 사이에서까지 듣게 되는데 위에서 말한 '문화'의 개념이 구성되어 있지 않는 것이다. 혹은 오해에서 문화를 극히 좁은 범위에서 생각하고 예술가나 학자나 언론인과 같은 문화의 어떤 부문의 창조면이나 시설만 두고 하는 말인지도 모른다. 이러한 편견은 문화에 있어서 사대사상이라 할 수 있는 중앙집권주의와 부화(附和)하게 문화의 민주주의적 본의를 떠나서 중앙에 사대하는 경향이 되는 것이다. 마산시에 산재하는 문화관계 사회단체의 수가 무려 19여개가 된다는데 무슨 지회 지부하는 것들이다. 물론 단체 구성의 전국적인 통일과 횡종(橫縱) 각양(各樣)의 계통과

활동의 다양성을 나쁘다고 할 수 없는 것이다. 그러한 계통 있는 단체의 수는 극히 희소한 점에 있어 말하지 않을 수 없나. 문화운동은 생활운동이니 지역사회의 특수성도 고려하지 않을 수 없을 것이다. 그러한 점에 창의성이 요구되는 것이다. 다음으로 우리가 일고(一考)할 것은 좋든지 궂든지 간에 마산시에 있어서 무수한 문화행사가 실지로 실시되고 있는 것이다. 가령 문총에서는 월차적으로 미술전시회, 음영감상회, 시낭독회 등 개최하고 있으며 교육회 등의 각종행사 체육회의 체육행사 등 그 동원되는 인적인 시간적인 경제적인 소요는 실로 막대한 것이 있으며 이에 의한 문화적 공헌은 실로 지대한 것이다. 그 점에도 일부인(一部人)에게로부터 이러한 사업에 대한 몰이해도 있는 듯한데 이런 것이 이상 제단의 몇몇 가지 문제가 조성하고 있는 지방문화운동의 난점이 되는 것이다. 그러므로 우리가 <마산문화협의회>를 가지려는 것은 첫째 문화가 시민 전체의 것으로 구성되어야 한다는 것이니 기왕의 편협한 클럽적 요원관계를 떠나 각계각층의 문화 전반(구체적으로 정치 실업 교육 과학 언론 예술)에 긍한 구성을 하여야 하겠다. 둘째 지역사회 중심의 지방 실정과 향토애 정신에 의거한 지방조직이라야 할 것이며, 셋째 체계있는 사무안에 의한 문화 전반의 보편적인 사업행사이여야 한다는 점에 있어 거시적인 문화인의 협의기관을 구성하자는 것이다. 끝으로 문화운동은 관제(官製)가 되어서는 안된다는 것이지만 관의 협력이 없어서도 안될 것이다. 당국에서도 이 협의회 구성에 적극적인 협력 있기를 요청하는 바이다.

*『마산일보』 1955. 9. 14.
*『1956 마산문화연감』(1956) 재수록

『마산문화연감』 편집후기

◎ 우리들의 미충(微衷)이 정성과 정열로 화신(化身)하여 이제 <마산문화연감>을 세상에 내어놓게 되었다. 생각하면 편찬의 성격으로나 재정 기타의 입장으로나 도저히 가능하지 않다고 자타가 기우(杞憂)하던 것이 그 언제던가. 편찬에 착수한 것이 거년거말(去年年末)이었으며 인쇄에 착수한 것이 금년 5월 1일이었다.

◎ 원고지로도 수천장을 헤아리고 자료 모집에는 사무국 전원이 시내외를 구보(驅步)하였다. 실로 감개무량한 바 있다.

◎ 그러나 이바지하는 바 적고 험은 많다. 무엇보다도 집필 후 인쇄 회부(廻附)까지 너무 긴 시일을 보냈기 때문에 논술 가운데는 오늘 현재와의 연관성에 있어 미비한 점을 면치 못함은 집필자와 독자에 사과하는 바이며 손 불족에서 상당수의 오자를 내게 된 것을 정오표를 부치기로 하여 사과에 대신하는 바이다.

◎ 무릇 책자를 간행함이 발행인이나 편찬위원 집필자의 노력도 크거니와 그보다 직접 인쇄를 담당한 공장 당무자(當務者)의 불철주야의 헌신적 노력을 잊을 수 없는 것이니 여기에 마산일보사 공장장 김수강(金守江) 씨 이하 공무원 제씨에 대하여 심심한 사의를 표하여 또 본 연감 발간에 다대한 협조를 아끼시지 아니한 전 한국무진회사(韓國無盡會社) 마산지점장 김한주(金漢柱) 씨를 비롯하여 그밖의 여러 선배 동지들에게 아울러 감사를 올려 마지않는다.

◎ 본 연감의 사진판은 김일규(金一奎) 남기섭(南基燮) 양씨의 촬영 및 현상에 의한 공로임을 특기하여 둔다.

* 『1956 마산문화연감』 1956. 6.

교육계(敎育界)

창원부(昌原府)의 1현(一縣)으로 출발한 마산(馬山)의 역대 교육의 자체는 모든 문화면(文化面)에 있어 그리하듯 창원부를 비롯한 인근 부군(府君)의 변천에 따라 변천해 왔던 것이니 나대(羅代)에 특기(特記)한 기록이 없으니 이렇다 할 무엇은 없으나 다만 일대(一代)의 대학자 최치원(崔致遠)이 이곳에 거류(居留)하여 후진을 육성하고 동도(同道)의 학자와 시인묵객이 왕래하여 소위 문창문읍(文昌文邑)을 이루었음을 우리가 짐작할 수 있고 고운대(孤雲臺, 檜原) 월영대(月影臺, 월영동) 등의 유적이나 현호(縣號)를 문창(文昌)이라 이름한 것으로도 알 수 있는 바이니 이조(李朝)의 학자 정구(鄭逑, 寒岡) 등이 선철(先哲)을 사모하여 소회(所懷)를 푼 바 있었다.

여대(麗代)에 와서는 우리의 머리에 떠오르는 대로 회산(檜山)의 주세붕(周世鵬) 의령(宜寧)의 성유(成裕) 등을 들 수 있으니 이분들의 업적은 그대로 우리나라 교육사의 첫 페이지를 꾸미는 것으로 여기에 첨언할 정도가 아니며 이조에 와서는 각지 향교(鄕校)의 건립이 이미 이 나라의 교육제도 확립을 보게 된 것으로도 향교가 창립되었고 인근의 각 부현과 더불어 못지 않는 인재가 배출되었던 것이다.

갑오경장(甲午更張) 후 신문화(新文化)는 기독교와 더불어 서구문화의 남장(濫腸)이었던 바 향토 마산도 이와 예를 같이 하여왔던 것이다.

마산에 기독교가 처음 들어오게 된 것은(물론 임진란 중의 일본 침략군에 종행해온 '오란다' 선교사에 의하여 천주교가 선행 도입되었으리라는 것은 당연한 일이겠지만 확실한 기록이 없고 또한 남겨진 업적이 없으므로 운위할 수 없겠고) 1900년 전후라고 하는 바 그들이 자리잡고 선교의 방편으로 이루어진 교육사업과 의료사업은 동시에 신문화운동의 중심이 된 것이다. 북마산 노비산(鷺飛山) 산록과 완월동 무학산록(舞鶴山麓)의 천주교회당 일대는 이로 말미암아 향토 마산의 신문화지대가 된 것이니 노비산 일대에는 선교사들에 의한 양식(洋式) 건물이 서게 되고 피아노가 수입되고 학교가 건립되었다. 1907년(융희 1년) 5월 17일 마산 창신(昌信)학교가 모 장로의 주택을 개조하여 창설되었으며 1910년에는 성지(聖旨)학교 및 의신(義信)여학교가 창립되었으니 서당으로 향학(鄕學)이 이룩되던 시절이라 경이의 대상이 된 것뿐만이 아니라 신시대(新時代)의 사조(思潮)에 의한 신교육을 비방하는 완고배(頑固輩)들의 끊임없는 적대를 받아가며 이조 말의 급박한 풍운과 더불어 신교육-신문화운동의 선봉대로서 피눈물의 투쟁이면서 동시에 애국적 애족적인 민족운동의 온상이었던 것이다.

민족의 비운(悲運) 가운데서 국치(國恥)를 맛보고 북받쳐 오르는 민족정기로써 기미년 3월 1일 독립운동에서 이 학교의 교사나 학생이 과감한 투쟁에 참가한 것은 두말 할 것이 없겠으나 민족국가의 기반 위에 교육의 성업(聖業)도 이룩된다는 것을 체험한 것이다.

이들 학당(學堂)에서 배출된 인물을 지금 우리가 헤아려 감개무량한 바가 있으니 이윤재(李允宰), 안호상(安浩相), 김원봉(金元鳳), 이극로(李克魯), 최현배(崔鉉培), 신성모(申性模), 이유식(李裕植), 박태준(朴泰俊), 이은상(李殷相), 고(故) 손문기(孫汶岐) 등 학자를 비롯하여 정치경제 각계에 전국적인 인물을 보내었으며 향토 마산의 각계 인물 중 이 학교의 문을 나오지 않은 사람이 없었던 것이다.

3·1운동이 비록 궁극의 목적을 달성하는 성공을 이루지는 못하였다고 하나 일제(日帝)는 일시니미 또 그 교묘한 유화(柔和)정책으로 소위 문화정책을 채용하므로 전국에 공립학교를 세우고 그들의 제국주의 교육을 주입하게 되었으니 마산공립보통학교(현 성호초등학교, 창립 1907년 4월)도 무단(武斷)정치의 야만을 그대로 표징하듯 교사(教師)가 정복착도(正服着刀)하여 학원을 무장(武裝)에 의하여 위엄을 가장(假裝)하는 것을 민족(民族) 탄로가 가시지 않은 당시 공립학교에서 어떤 감언이설로 유인하고 혹은 사학(私學)은 사상이 나쁘다니 하는 모략과 협박에도 불구하고 이에 응치를 아니하였던 것이다. 이러한 기습(氣習) 가운데 차츰 점차 확충되어 가는 일제의 정책적인 교육시설이 설립케 되었으니 주로 일본인 거류민(居留民)을 교육하면서 한국민 극소수를 동시 교육하는 소위 공학교(共學校)가 창립되었는데 현 마산상업고등학교의 전신인 마산상업학교(당시 중학 3년제)가 1921년 4월 1일 창립되고 이어서 마산고등여학교가 창립되었으나 이는 순일인(純日人)만 수용하였다가 후에 연 10여명의 지방유지인의 자제만을 수학케 하였고 초등학교로서는 현 완월(玩月)공립보통학교가 증설되고 중등학교로는 마산공립중학교(5년제)가 설립되었으나 일본인과 한국인이 반반 수용될 것이라고 하였으나 시험제도를 통하여 한국인 자제의 입학은 극도로 제한하였다. 1939년 일제가 그 마지막 단말마적 제국주의정책을 감행하려던 첫 단계로 국내 사립학교를 폐쇄 내지 정리하였던 바 소위 신사참배를 강요하여 이에 불응한다 하여 폐쇄명령을 내렸으니 이로써 창신, 의신, 성지의 각 사립학교는 문을 닫았다.

이것으로 해방 전의 마산의 교육 분포는 마산공립여자고등학교, 마산상업고등학교(1938년 5년 재승격), 마산공립중학교 등의 3개 중등학교(이상 공학, 초등학교로서는 성호공립심상소학교, 완월공립심상소학교(이상 한국인 수용) 왜인(倭人) 수용교로서 마산공립심상고등소학교가 있었다.

이상으로 해방전의 마산교육시설을 대략(大略)하였거니와 여기에 특기할 것은 일찍이 기미운동 즉 후 1920년 이영재(李瑩宰), 명도석(明道奭), 나인한(羅寅漢) 등 향토민족운동의 선배들에 의하여 구마산 중성동(中城洞)에 중앙노동야학교를 창립하여 남녀부를 두고 시내 무산(無産) 자제들을 교육하고 한편 굳굳한 민족해방의 신념을 고취한 바 당시 그 교문을 발디딘 자 수백을 넘어 공립학교보다도 교세(敎勢)가 뛰어났고 1939년 일제 폭압에 의하여 폐문하기까지 10개 성상(星霜)의 역사를 가졌다. 중앙노동야학교는 1909년 고(故) 구성전(具聖傳) 등의 지방 선각자에 의하여 창설된 마산노동야학교의 후신인 한국근대교육사 및 사회운동사를 장식하는 우리나라 최초의 현대식 교육기관이었다.

또한 이러한 일제의 폭정과 그의 야만적인 식민지교육정책에 의하여 그들의 교육을 부득이 받으면서도 이곳의 청소년 학도들은 타지방의 어느 학도들에게도 못지않게 학도반일운동(學徒反日運動)에 참가하여 한국독립운동의 일부에 이바지하였다. 1942년 동래중학 및 부산제이상업학교 학생의 소위 내대(乃台)사건이 발생하자 이에 호응하여 마산상업이 전투모발지(戰鬪帽發止) 요구를 내어걸고 과감한 투쟁을 전개하여 일본인 교사들의 간담을 서늘케 하였으며 호신

(濠信)중학생은 일인(日人) 악질교사 전중축방맹휴(田中逐放盟休)를 하여 투옥자까지 내었으며 창신학교 학생은 신사참배를 거행하고 신사에 투석하고 일제경찰과 정면충돌한 사건 등이 있다.

또한 기미년 이후 마산의 사회운동 민족운동과 보조를 같이하여 청소년의 사회계몽교육을 지도한 마산민의소(馬山民議所)에서 김종신(金鍾信) 등이 초등학교 입학전의 아동을 모우고 유아원교육의 교시(矯矢)를 연 바 일면(一面) 소년운동이고 일면은 유아원교육이었다.

8·15해방과 더불어 마산시의 기성교육기관은 일시(一時) 건국준비위원회에서 보관하였다가 군정(軍政) 임정(臨政)의 주관을 거쳐 대한민국정부 정부수립에 의하여 재생하였는데 다른 어느 부면(部面)보다 앞서 교육기관의 충실이 확립되었음은 교육 당사자들의 유의진력(留意盡力)함이 컸다고 할 것이다.

8·15해방을 계기로 우리나라 교육계의 현저한 현상은 사립학교의 육성이니 일제의 압박에 의하여 폐문하였던 창신, 성지 각 학교는 물론 마포(馬浦) 제일여자중학교(전 마산가정여학교), 마산공업중학교(현 남중학교, 현 공업고등학교) 등이 우후죽순처럼 설립 개교하였으니 학제변경에 의하여 중고등학교는 각각 중학교와 고등학교로 분리하여 현재와 같이 분포되었다. 다시 의무교육 실시에 따라 연차적으로 증가되는 적령 아동을 수용하여 초등학교도 증가를 보았다.

그러나 불행히도 6·25동란으로 말미암아 일시에 학교 교육이 중단되었고 교사(校舍)를 군(軍)에서 사용하게 되었으므로 아동학생은 임시교사로 몰려다니지 않을 수 없는 난관에 봉착하였던 바 이는 전국 어디에서나 다 겪은 곤란이기는 하지마는 적지않은 교육계의 손실이었다. 불행 중 다행으로 1955년도에는 시내 각 군(軍)기관의 학교사(學校舍) 반환이 실현되어 이제 각 학교가 본교사(本校舍)로 돌아가게 되었으니 수리 기타의 고충은 있을 것이나 이로서 암운(暗雲)은 일소된 셈이다. 혼란과 고충 가운데서도 동(東)중학교, 성지여중학교, 제일여자중학교는 신교사(新校舍)를 건축하였으며 마산중학교에서도 교사 신축에 착수하여 이미 낙성에 이르렀다.

이에 마산시의 교육현황을 대별하여 보면 다음과 같다.

1. 의무교육

1955년 12월말 현재 시내 국민학교는 학교수 8, 학급수 230, 취학아동수 16,787(남 8362, 여 8976)이며 이것을 각 학교별로 보면 다음과 같다.

학교명	학급수	취학아동수(명)
합포초등학교	44	3,100
합포 봉암분교장	3	180
회원국민학교	30	2,204
성호국민학교	49	3,776
무학국민학교	20	1,450
완월국민학교	26	1,862
월영국민학교	37	2,612
월포국민학교	19	1,373
가포국민학교	3	130
계(8교 1분교장)	231	16,787

2. 중학교

중학교	학급수	학생수
동중학교	18	1,080
마산중학교	18	1,080
마산여중학교	13	950
마산창신중학교	10	664
마포중학교	6	450
마산남중학교	6	420
마산중앙중학교	6	450
마산제일여자중학교	6	450
성지여자중학교	6	450
의신여자중학교	3	405
계	10	6,499

3. 고등학교

고등학교	학급수	학생수
마산상업고등학교	18	1,205
마산여자고등학교	12	840
마산고등학교	18	1245
마산창신농업고등학교	8	547
마산공업고등학교	6	360
마산제일여자고등학교	6	366
마산성지여자고등학교	6	360

고등학교	학급수	학생수
마산여자고등기술학교	2	100
성지여자중학교	6	450
계 (8교)	58	5,017

4. 대학

국립부산대학교, 마산약학(藥學)대학은 목하(目下) 교사(校舍) 건축 중인데 완료할 때까지 부산본교에서 수업을 계속할 것으로 그의 낙성을 촉진하고 있는 바 교육계뿐만 아니라 마산 전 사회문제가 되어 있으며 마산법정대학은 기성회를 조직하고 정식인가를 얻으려 노력하고 있는데 교육환경의 호조건(好條件)에 비추어 대학의 필요성을 통감하여 지방민 향학열에 호소하는 바 크다.

이상 향토마산의 교육을 대략 훑어보았으며 이제 이에 대하여 약간의 요점을 들어 시민의 요망을 살펴보면 의무교육에 있어서는 사친(師親)회비, 기타의 징수금 문제로 말미암아 의무교육의 완벽에 지장이 없어져야 할 것이며 학임(學區)제도가 확립되고 학교차의 해소와 더불어 중학교 입시문제가 하루 빨리 해결되어야 할 것이며 중고등학교 교육에 있어서는 신축 및 수리에 의한 과중한 부담금 문제로 말미암아 일부 학생과 학교측에 야기(惹起)되는 불상사가 없어져야 할 것이며 더욱 일부 사립대학교 등 수용수를 미달하는 정도로 포화상황에 있는 현실에 비추어 앞으로 학교 및 학급의 증설보다 교육내용의 충실과 시설의 정비를 도모하여 물의되는 학생풍기

등 학원정화 및 교육기본정신의 앙양에 가일층의 노력의 있어야 할 것이다.

끝으로 교육계에서 심양섭(沈穰燮), 박경원(朴敬源), 안석제(安晢濟), 강부곤(姜富坤), 박재갑(朴載甲), 이형규(李炯揆), 하광호(河光浩), 정구현(鄭九鉉) 등이 마산문화협의회에 참가 활동하고 있다.

*『1956 마산문화연감』 1956. 6.

8·15 경축 현상문예 심사평

—<라디오·드라마>부

우선 그 수에 있어서 너무 적다는 점이 섭섭하였다. <라디오·드라마>는 특수한 부문이라고 할 만큼 그 특수한 기법(技法)을 수련하기 전에는 전연 작품이 되어 있지 않겠기에 무리는 다소 있겠지만 일반 희곡이나 '시나리오'와 달라 '라디오'가 지니고 있는 '매스컴'성을 그 어느 부문보다도 가장 효과적으로 표현할 수 있는 예술부문이니 이에 대한 더 큰 관심이 있어 주었으면 하는 욕심이 없을 수 없다.

세 편을 통틀어 보아서 공통적으로 그러한 기본 수련이 안되어 있다고 말하겠는데 <라디오·드라마>의 시간적인 공간적인 유독성을 충분히 이용하여야 할 것이며 어디까지나 그 연결에 주의하여야 한다. '나라타-쥬'의 형식을 사용하는 경우에는 주의가 필요하나 전체 구성에서 줄거리의 적당한 정돈이 필요한데 전후가 엄연히 구별되지 못하여 혼란을 일으키는 경우가 박이천 씨의 <유정의 비화>인데 이 작품은 이러한 정돈이 조금만 더 되었더라면 가작 정도로 입선될 수 있었을 것이다.

'라디오'에 있어서는 15분이면 200자 원고지로 30매 가량 30분이면 60매 가량으로 된다는 것도 미리 알아두어야 하겠다. 최노상 씨의 <독립군>도 역시 구성이 불충분하였고 조호제 씨의 <직녀성이 돋는 마을>도 전반부와 후반부가 연결되지 않은 때문에 기본부터 성립되지 않았다.

앞으로 더욱 공부하시되 <라디오·드라마>의 여러 기능을 세심히 참고하시기 바란다. 효과 소리, 음악효과, 배음 등은 구성이나 대화와도 마찬가지로 <라디오·드라마>의 기본조건이 된다. 소리의 모든 종합적인 동시에 극도로 독자적인 오리지널한 부문 부문이 종합되어야 한다. 더 많은 좋은 작품 있기를 바란다.

*『마산일보』 1959. 8. 20.

드리는 말씀

산다는 것도 어려운데 덧붙여서 아름답게 산다는 것은 더욱 어려운 일일 것입니다.

'어릴 때 해를 지키던 작은 꽃밭에 층층이 붉게 피었던 봉선화 꽃을 보듯 처음부터 익어버린 저 빛깔은 우리가 알아야 할 가장 귀한 것으로 우리 족보 제 일장에 그름으로 명시되어 있다'고 <등불>을 켜 들고 나온 추양(秋孃)은 인간의 세계에서 여성으로서 그 아름다움을 천품(天品)으로 간직하면서 그 위에 시(詩)의 꿈을 수놓으려는 고역(苦役)을 스스로 사서 나온 혜성(彗星)입니다.

조국의 하늘이 저렇듯 맑고 이 땅에 향기로운 꽃이 한없이 피건만 오히려 모두 눈 감고 허물어뜨리려고만 하는 암담한 판국에 이렇게 청초(淸楚)한 몸맵시와 아름다운 눈짓으로 시심(詩心)을 풀어 뿜기는 여성 한 분이 있어 항상 미소 띄우며 당신의 옆에 와 앉으신다는 것은 복(福)된 일이 아니겠습니까. 영광 있으시라 빌 뿐입니다.

1959년 12월 추창영(秋蒼影)양 여수(麗水) 시화전(詩畵展)에 김수돈(金洙敦)

* '추창영·배기준 시화전'(1959. 12) 초대의 글

동향(同鄕)의 선배와 후배에 말한다

-문학풍토기(文學風土記) : 마산편(馬山篇)

마산이란 곳.

남국(南國)의 향기 그윽한 시징의 항구도시— 일견(一見) 이렇게 말할 수 있는 마산은 나대(羅代)에는 골포(骨浦)라 하여 기록에는 당시의 현장(刑場)이 있던 곳이라 한다.

여대(麗代)에 와서 합포현(合浦縣)이 되었고 현금(現今)의 회원동(檜原洞)이란 지역 일대가 중심인 듯하다. 창원부(昌原府)에 속하였던 바 때로는 함안(咸安) 땅에 편입되었다가 김해부(金海府)에 속한 적도 있다 한다. 원(元)나라 군병 10만이 주둔하여 일본을 칠 때 군용지(軍用地)가 되었다는 기록이 있고 그때의 유적으로 몽고정(蒙古井)이라는 우물이 시내에 남아 있어 물맛이 좋다. 일제가 식민지로 다스릴 때 그들이 이 우물들의 물맛 좋은 것에 착안하여 일본 '세도내외(瀨戶內海)'의 탄각지(灘各地)의 양조업(釀造業)을 여기에 이식하여 청주(淸酒)를 만들었는데 일제시대엔 명주(銘酒) <한모단(寒牡丹)> <월포(月浦)> 등 최고급의 청주를 빚어내어 이름을 날리고 드디어 '술의 도시' 마산으로 유명했다.

마산이라면 지금도 술맛 좋은 곳으로 경향(京鄕)에 통하나 진짜 술맛 좋았던 것은 그때 이야기고 해방 후 그들의 남긴 시설과 그들 밑에서 배운 서투른 기술로 빚는 술이니 별것 될 리가 없고 현금에야 화학주(化學酒)로 옮아가고 있는 나라의 시책이니 어디 술맛이 좋고 나쁜 것이 있으랴만 그래도 마산의 술맛에 대한 칭찬은 변치 않으니 역시 이곳 물이 유별히 좋아서인지 좌우간 남이 좋다니 자랑이 아닐 수 없다.

역사적 유적도 없고 전통적인 고적(古蹟)도 없는 곳이 마산인데 그럼에도 천연의 풍광은 제대로 아름답기 한량없다. 북으로 무학산(舞鶴山)이 병풍처럼 가로막아 우뚝 솟았는데 과히 높지 않으나 제대로 위엄을 갖추었고 그 줄기로 노비산(鷺飛山) 용마산(龍馬山) 추산(騶山) 등의 구릉이 손발처럼 시중(市中)으로 뻗어내려 노송(老松) 우거져 있고 금잔디 깔려 있어 자연(自然)대로 공원(公園)을 이루었으며 남으로 트인 앞바다는 통영(統營)으로부터 휘어잡아 꼬불꼬불 백여리(百餘里)를 거슬러 들어왔으니 천연의 양항(良港)을 이룰 수밖에. 바람 불고 비 오는 날엔 대소선박(大小船舶)이 여기에 피신하러 들어 밀릴 만큼 잔잔하여 호수(湖水)같다. 그나마 입구에 돝섬(猪島)이 가로놓였으니 얼마나 고요하고 조용한 바다인지 상상도 어렵지 않을 것이다. 그래서 외국선원들도 이 항구에 들어오면 '동양의 나폴리' 라고 찬탄하여 마지않는다 한다. 마산문협지부(馬山文協支部)에서 <마산 시민의 노래>를 제정할 때 '산 좋고 물 좋아 인심이 후한 곳'이라는 한 구절을 넣어 부른 것도 이 아름다운 풍광을 스스로 자랑한 것인데 남녀노소 즐겨 부르면서 아무도 그것을 과장이나 허세로 생각하지 않는다.

마산의 선각(先覺)

이처럼 마산은 역사적 유적이나 전통적인 고적 하나 변변한 것이 없어도 그 산수(山水)의 풍광명미(風光明媚)하고 설한삼동(雪寒三冬)에도 영하가 되는 날이 별로 없는 온난한 기후로 하여 인심도 그렇게 후하노라고 스스로 자랑하며 은연중 그것이 이 고장 사람들의 기풍이 되어 매사에 혼화(混和)·겸손(謙遜)하고 신사적인 품격이 생겨 그런지 어딘지 세련된 풍도(風度)를 갖추고 있는 것이 마산사람이다. 그런 반면에는 소극적이고 우유부단하여 진취성이 없는 것이 또한 폐단이라 하겠는데 그 자유당(自由黨) 마지막 고비에 최후의 목에 서서 총탄도 무릅쓰고 사자처럼 성내어 마침내 3·15 의거로 봉기한 것은 무슨 용맹이 어디서 그렇게 솟아나왔던 것일까. 소가 뒷걸음치다 쥐 잡았다는 격으로 비웃는 사람도 있으나 지금 3·15 의거탑이 서 있는 거리를 오고가는 학생들과 젊은 세대의 혈맥 속에는 말은 안 하지만 품고 있는 것이 있어 앞으로 마산사람의 기질에 커다란 변혁이 나타날 줄 안다.

문학이, 풍토와 기후에 의하여 얼마만큼 영향을 받고 생성되는 것이며 그것이 사회학적으로 어떻게 형성되어가는 것인지에 대하여는 여기서 말하지 않기로 하고 다만 이 고장의 사람들의 심적 성장과정과 민주주의적 발전상이 두고두고 흥미를 자아낼 일일 것이다.

마산은 나대(羅代)에 고운 최치원(孤雲 崔致遠) 선생이 최후 머물은 곳이라 하여 향호(鄕號)를 문창(文昌)이라 하지만 이래 이름난 학자나 문인을 사상(史上)의 기록에서 찾아보지 못한다.

우리는 마산의 문학을 말하려면 아무래도 근대의 여명기 개화시대로 눈을 돌릴 수밖에 없다.

우선 한일합병(韓日合倂)의 비운에 처하는 날 '시일야방성통곡(是日也放聲痛哭)'한 장지연(張志淵) 선생이 정처없는 낙향의 길에 인연이 있어 이곳에 머물게 되었으나 망국(亡國)의 비분(悲奮)을 참을 수 없어 저 단종애사(端宗哀史)에 얽매인 매월당(梅月堂)처럼 양광(佯狂)

하여 자조와 자학으로 여세(餘歲)를 보내었으니 이 분의 저서 『일사유사(逸事遺事)』는 널리 시민에게 애독되었고 그의 항거정신이 이 고장 문학의 혈액에 빼어들어 한 줄기의 기질이 되었음을 우리는 명심한다.

노비산(鷺飛山) 시절

개화운동은 마산문학의 요람시대다. 이때를 '노비산 시절'이라 명칭하려 한다.

일찍이 그 지리적 조건으로 하여 구한국시(舊韓國時)에 이미 外國人의 눈에 띄인 곳이다.

외국 문물이 어느 곳보다 먼저 수입되어 기독교 장로파(長老派) 호주 선교회(濠洲 宣敎會)가 여기를 중심으로 교회를 세우고 창신(昌信)·의신(義信) 각 남녀학교를 세워 선교사업을 개시하였는데 신문화는 그들을 통하여 그들이 근거한 노비산 일대가 그 발상지요 활무대(活舞臺)가 된 것이다. 더욱 기미년(己未年) 독립만세 이후 물밀듯한 신문화와 그 풍조는 신식단장(新式丹粧)의 청년 남녀로 하여금 열광케 하였는데 노비산 그들의 우거진 소나무 숲과 양지바른 금잔디밭은 그대로 창가(唱歌)와 신소설(新小說)과 자유연애의 보금자리가 되었다. 그들은 약소민족의 비애를 논하고 부강하는 방법을 토론하고 혹은 종교를 또 신생활운동과 자유연애를 구가하였다.

그 선봉에 노산 이은상(鷺山 李殷相) 씨가 있었다. 그 뛰어난 재조(才操)와 총명(聰明)으로 이 무리들을 거느리고 노비산을 주름잡고 뛰고 굴었다. 학생으로서 소년기를 교사(敎師)로서 청년기를 노비산이 그분의 활무대라, 아호(雅號)를 '노산(鷺山)'이라 한 것이다. 그러나 꿈의 시대 계몽기 개화시대는 점차로 현실의 시대로 이동하였다. 민족주의가 사회주의로 옮기는 과정이다. 청년들이 교회의 문을 나와 시가로 옮겨왔다. 노산도 고향을 떠나 살게 되었고 고요할 남쪽바다는 꿈엔들 잊으리오. 가고파라 가고파라고 외워지는 먼 고향땅이 되었을 뿐이다. 그러나 노산의 문학적 영향은 이 고장 문학의 한줄기 맥박이 되어 있다. 필자 등의 부형(父兄)은 먼저 청원(靑園)을 이야기하고 다음엔 반드시 노산 이야기를 끄집어내었다. 그런 문학은 낡았다고 핀잔을 주어도 그들은 노산의 『무상(無常)』 한 권을 두고 재독삼독(再讀三讀)하였다. 실상 노산이 손잡고 문학을 논하고 가르치고 한 후배가 마산엔 없다. 더욱 그의 문학활동은 상경(上京) 이후가 주가 되므로 직접적인 문학교제(文學交際)는 마산과는 멀다. 그러나 그의 「가고파」 한 편만이라도 고향사람의 심금엔 유다르게 감명되어 오늘에 이르도록 이 선배시인의 문학적 혈액이 이곳 문학풍토 속에 숨어 흐르고 있는 것이다.

1930년대

필자가 중학을 마치고 고향에 돌아온 것이 1935년이다. 남아필생(男兒畢生)의 사업으로 문학에 종사하려는 야망을 품고 타일체(他一切)가 안중에 없을 때다. 이 무렵 김해독서회사건(金海讀書會事件)으로 마산형무소에 갇혔다가 나온 월북시인 임화가 마산의 문학소녀

지하련과 결혼하여 살고 있었다.

'카프'가 해산된 직후다. 그의 시 「요꼬하마의 순이(順伊)」가 발표되어 문단의 갈채를 받고 하던 때다. 그가 편찬한 엔솔러지 『조선시선(朝鮮詩選)』(?)에 김용호(金容浩) 씨의 작품이 발표되었고 『맥(貊)』 동인으로 문단에 얼굴을 내었다. 동요시인 이원수(李元壽) 씨는 직장을 따라 어디론지 옮겨갔으나 이광래(李光來) 씨가 「촌선생(村先生)」으로 신문의 신춘문예에 당선하므로 마산의 문운(文運)이 충천하는 기세였다. 순문예지 『문장(文章)』이 나오자 정진업(鄭鎭業) 씨가 소설가로, 필자가 시로 추천을 얻어 이곳 문단에 신기운(新氣運)이 조성되었다. 『문장』에 발표된 지하련의 소설 「체향기(滯鄕記)」는 정서적인 문장과 새로운 스타일로써 여류(女流)의 기염을 더욱 높였다.

'불종거리' 고본점(古本店)과 오동동(午東洞) 술집 그리고 네온사인이 요지경같은 까페 <은하(銀河)>로 몰려다니며 잘도 떠들고 하였는데 참으로 우의있는 혈족적인 친밀감이 있었다.

시인의 도시

일제의 단말마적인 발악으로 작품의 발표가 불가능하였고 징병과 징용으로 난장(亂場)을 이루는 동안 제대로 흩어진 마산의 문학도 그대로 암흑기를 지속하다가 해방과 더불어 소생하였다.

통영(統營)서 이주해온 김춘수(金春洙) 씨 조향(趙鄕) 씨 정진업(鄭鎭業) 씨 필자들이 모였고 한국청년문학가협회(韓國青年文學家協會)가 결성되자 지회(支會)의 형식으로 활동하기 시작한 우리는 시지(詩誌) 『낭만

(浪漫)』을 4집까지 내었다. 그러나 해방이 가져온 혼란은 이곳에도 불어왔고 문학의 풍토에도 감염되어 뒤숭숭하였다. 김춘수 씨를 남기고 모두 뿔뿔이 헤어졌는데 6·25동란이 일어나자 마산은 갑자기 시인의 도시가 되었다. 생활의 근거를 찾아서 고향으로 돌아온 옛사람과 거기에 피난 온 시인이 집중하였기 때문이다. 이원섭(李元燮) 김세익(金世翊) 김영수(金榮秀) 김상옥(金相沃) 제씨와 김남조(金南祚) 이영도 씨 등의 여류까지 합쳐서 성황인데 진해(鎭海)에서 김달진(金達鎭) 시인이 자주 나오고 해사(海士) 교관으로 있던 송욱(宋稶) 씨도 일요일마다 모였다. 다방은 이들로 말미암아 별실(別室)을 마련하여 주기도 하고 영업이 되지 않아서 폐문(閉門)한 곳도 있었다. 이원섭 씨의 『향미사(響尾蛇)』가 이때 이곳에서 나왔고 김남조 씨의 『목숨』, 김세익 씨의 『석류(石榴)』도 그들의 처녀시집이요, 김상옥 씨는 『목석(木石)의 노래』, 김춘수 씨는 『구름과 장미(薔薇)』『세계명시선(世界名詩選)』 등 필자도 『우수(憂愁)의 황제(皇帝)』를 내었다. 이석(李石) 씨와 문덕수(文德守) 씨가 『현대문학』에 등용하여 진영에 참가하였으며 국립요양소에 와있는 젊은 시인들도 『청포도(靑葡萄)』 동인지를 만들어 박차를 가했다. 참으로 전대미문의 장관으로 동란 바람에 3만의 인구가 6만으로 팽창하였지만 그보다 더한 기세로 시인이 범람하였다.

이러한 형성은 직접적으로 또 직각으로 영향을 미쳐 고교학생들의 문예열이 상승되었고 배양되어 그들의 활동도 눈부시게 나타났다. 한때 20을 헤아리는 그들의 클럽이 생겼음은 이의 증좌가 될 것이다. 아닌 게 아니라 머지않아서 송상옥(宋相玉) 이제하(李祭夏) 박현령(朴賢玲) 조병무(曺秉武) 등의 신진이 탄생하여 전위대(前衛隊)로 나섰다.

새로운 풍토(風土)

이제 피난시절의 시인들이 다 떠나고 신진들도 중앙으로 몰려가서 지금은 물밀고 간 뒤처럼 조용하고 요요(寥寥)하기까지 하다. 선배니 후배니 할 것 없이 남아있는 사람대로 모여서 동인지 하나를 가지려 해도 경제적 여건이 앞선다. 겨우 연중행사로 되어 있는 문화제 때 각종 활동을 함으로써 약간의 활소(活素)를 불어넣을 정도. 모두 자기의 공방(工房)에 앉아서 제대로의 탈출구를 꾸미고 있는 것일까. 그럼에도 불구하고 문학의 향기는 여전히 이 고장에 뿜겨지고 있으며 그것은 부지불식간(不知不識間)에 번져가고 있는 것이다.

모두 냉철하여졌고 담담하여졌다. 그러면서 저류(低流)를 형성하고 있는 것이 있으니 무엇일까.

마산은 지금 50만 인구의 경남 제일도시로 약진하려고 하고 있다. 시(市)나 시민의 생각은 공업에 의한 현대도시 형성에 집중되고 있다. 자연의 풍광이 아름다운 것, 산수의 명미함도 좋으나 현실적인 근대화의 달성이 첩경으로 구상되어가고 있다. 이러한 현실적인 양상은 향토의 문학풍토에 새로운 기운을 조성할 것이 명확하다. 우리의 근대적인 문학이 현대문학으로 전진해가는 속도나 과정처럼 향토 마산의 문학풍토가 조성할 새 기반에 격려를 보냄직한 일이다.

*『현대문학』 1966. 4.

젊은 기수(旗手)들의 활약
-1961년 문학 총결산

해방 이후로 학생들의 문학에 대한 성실한 진력(盡力)이 날로 나아가 그 수준이 민민치 안했음을 석이 기쁘게 생각하였는데 이 수삼년(數三年)에 와서 경향(京鄕)을 막론하고 신인(新人) 등용이 거의 이들에 의하여 독점(獨占)될 정도로 그 질적 향상이 뚜렷하여 괄목할 바 있다.

학생들의 문학수업이란 것이 어쩌면 여기(餘技)적인 경향으로 흘러서 '아마추어'적일 수도 있으나 문단(文壇)의 야릇한 풍습(風習)을 떠나서 오히려 순수한 정열(情熱)과 깨끗한 이성(理性)만으로 대결할 수 있는 그들의 문학세계가 때로는 청량제가 될 수도 있는 까닭에 그 연령(年齡)과 관록(貫祿)과는 상관없이 학생문학(學生文學)이 소중한 바도 있는 것이다.

일찍이 우리 문단의 초창시기에 있어서도 이러한 신성(神聖)으로 하여 우리 문학의 테두리가 문학예술의 경계에 들어섰으며 또한 그러한 경로는 연면(連綿)하여 저류(低流)가 되어왔던 것이다. 일제(日帝)의 질곡에 사로잡혀 있으면서도 학생문학운동은 일반 학생운동과 함께 명맥(命脈)을 유지하였으며 그 업적도 높게 평가할 수 있는 것이다.

해방과 더불어 우리말 우리글의 자유로운 구사와 학원(學園)의 민주주의적 발전은 위축되었던 학생문학운동에 재생(再生)의 기운을 불어넣었다 하겠고 이들이 요원(遼原)의 불길처럼 두각(頭角)을 들게 됨은 당연한 일이라 하겠으나 근년(近年)에 와서 갑자기 그 질적 향상이 눈에 띄이는 것은 참으로 쾌사(快事)라 할 것이다.

문학예술이 지향하는 바 근본은 인생문제의 대결이니 거기에 대처한 감성(感性)과 이성(理性)은 그 각도(角度)의 여하를 불구하고 문학의 지침(指針)이 되는 것이다. 그러므로 지성(知性)은 승화(昇華)의 기본이 되어야 하는 까닭에 문학은 동시(同時)에 학문의 체계를 갖추었고 예술의 감성을 갖는 것이다.

근래의 학생들의 문학활동이 진격(進擊)한 학구적 태도를 갖추게 되었음은 당연한 일이지마는 다행이라 아니할 수 없다. 그들의 활동이 각자 개인의 노력이건 혹은 학교를 중심으로 하는 교내활동이건 또 각종각양의 동인(同人)활동이건 그 취지나 방식의 여하를 막론하고 이상(以上) 근본적 태도를 확고히 간직하고 있음에 동감하는 바이다.

마산(馬山)에만 하여도 이러한 학생문학의 온상인 동인(同人)의 수가 10여에 달한다고 한다. 일괄(一括)하여 그 패기며 기백(氣魄)에 있어서나 성실성에 놀라울 만큼 무엇을 기대하지 않을 수 없다.

이 가운데서 마산대학 학생들의 문학활동을 살펴보면 위선 학보(學報)를 중심으로 한 각 개인의 작품활동을 비롯하여 <구인동인회(九人同人會)> <애심동인회(哀心同人會)> <석암동인회(石巖同人會)> 등 다재다사(多才多士)의 다채로운 포석을 보게 된다.

여기 등장하는 사람들의 작품은 모두 뛰어나게 자리 잡혔다고는 할 수 없으나 그대로 각기 무엇에 바탕하는 바가 앞날이 있을 것으로 기대되는 것이 있다.

위선 <애심동인회>는 동인지 『애심(哀心)』을 2집이나 내었고 <석암동인회>는 7집이나 발간하고 있다. 학생들의 어려운 '포켓머니'로서는 프린트판에 지나지 못하는 것이겠지만 그만한 끈기와 성의는 여간한 것으로 이룩하지 못하는 것으로 거기에 담긴 작품이 아직 유취(乳臭)를 면한다 헤도 조심조심 따셔보년 앞날을 기약할 시인(詩人)이나 작가(作家)의 싹을 찾아낼 수가 있다. 다시 각 지방의 일간지 등에 발표된 이들의 작품을 헤어보면 1961년 1년 동안에 마산일보(馬山日報) 지상에는 무려 20여명이 집필하였고 그 가운데서도 강무영(姜武榮), 박춘자(朴椿子), 조두이(趙斗伊), 이경향(李敬鄉)은 각 5편 이상의 시와 그밖에 2,3편의 수필을 발표한 역군들이며 박경출(朴庚出), 정판준(鄭板俊), 하경춘(河慶春), 전말수 등은 창작과 평론으로 수삼편(數三篇)씩을 싣고 있어 그 수량만으로 보아도 약간(若干)하지 않은 생산이라고 보겠다. 그밖에 작품을 발표한 지면은 부산일보(釜山日報) 영남일보(嶺南日報) 경남일보(慶南日報) 대구매일신문(大邱每日新聞) 등이었고 연간 통산하면 시 30여 편, 수필 18편, 평론 6편, 창작 2편이 발표되었다. 또한 <석암동인회>는 마산방송국을 통하여 처음으로 방송낭송회(放送朗讀會)를 가짐으로써 방송낭독을 처음 시도하였다. 이로써 보면 마산대학 학생의 문학활동의 역량은 대단한 것을 일언(一言)하여 가찬할 수 있다. 지방적 여러 불리한 조건을 극복하면서 이만한 수량의 작품을 발표하기에는 무한한 정성을 기우렸으리라 생각하여 경의를 표하는 바이다.

이상의 작품들을 하나하나 들고 논할 재료를 가지지 못하였음을 유감으로 생각하나 그중에서도 박경출(朴庚出) 군의 소설 「낙오자(落伍者)」는 원광대학보사(圓光大學報社)의 전국대학생 현상문예 가작으로 입선되었으며 정출도(丁出道) 군의 「마음대로 해라」는 마산대학보에 연재되어 좋은 평을 받았다고 듣고 있다. 또 하경춘(河慶春)

군의 고전연구(古典硏究)는 저학년으로선 힘든 노력인데 더욱 연속(硏續)하여 대성(大成)할 것이라 믿는다. 시에 있어 강무영(姜武榮), 조두이(趙斗伊), 이경향(李敬鄕) 등은 일취월장의 감(感)이 있어 믿음직하다.

이상으로 마산대학 학생문학 활동의 대략(大略)을 살펴보았다.

요약해서 말한다면 마산대학의 학생 문학활동은 그 성격에 있어 열과 성의를 높이 평가하며 그만큼 여러 악조건 속에서 양적으로 많은 작품을 창작 발표하고 있는 점에 대하여 경의를 표하는 바이다. 그러나 작품 개개에 있어서는 각자의 정진(精進)을 더하기 바라며 문학의 본질적인 문제에서나 창작의 자세에 있어서 대학생으로서 지성의 농도와 진리(眞理)의 심취를 한층 더 가편(加鞭)하여야 할 것으로 개개의 평을 피하기로 한다.

끝으로 부언코자 하는 것은 첫째 본 대학의 잔기(前記) 각 동인회의 더 많은 활동을 요망하는 바인데 동인활동은 동인 상호간의 이념적 동지성(同志性)이거나 혹은 상호 격려이거나 부단한 정진만이 근본취지가 되어야 할 것이다. 동인지를 발간하는 것도 당연한 일이고 낭독회나 합평회도 쉬지 않고 가져야 할 것이다. 그 이상으로 동인 상호간의 문학가족적(文學家族的) 혈맥상통(血脈相通)의 우애를 엮어 창작과 그를 위한 원동력이 되도록 애쓰면 좋겠다. 또한 지방에 산재하는 많은 고교생 동인회를 손잡아 후배들의 뒷받침에 진력함도 좋은 일이라 하겠다.

*『마산대학보』 1961. 12. 25.

문화마산(文化馬山) 20년 전을 돌아봄

-문화의 선봉·지방문화의 요람

마산은 경남지방에서 뿐 아니라 전국적으로도 지방문화 육성에 선봉이며 요람이 되어왔다. 더구나 광복 20년에 즈음하여 회고하면 이 고장의 문화는 지방문화에 있어 독자성을 지니고 민주주의의 바탕으로 육성되어 왔다. 1945년 중앙을 비롯한 각 지방에는 건국준비위원회(정부체제)가 성립되고 그 문화부에서 선전(宣傳)을 비롯한 문화운동이 대대적으로 전개되기 시작했다.

이 무렵 마산에서도 문화운동이 움이 터서 그해 10월에는 <마산문화동맹(馬山文化同盟)>이 조직되어 김상수(金祥洙) 등이 활약하였다가 국내정세가 좌우로 분열되어 <문련(文聯, 조선문화단체총연맹)> 마산연맹이 산하 7개 동맹과 체육회·기자회가 병합되어 그 세력이 점차 커져 갔다.

1950년 6·25사변에는 마산문화 정세는 급각도로 변하여 <문총구국대(文總救國隊)>로 조직되어 전시체제 하의 문화공작대(文化工作隊)로서 활약이 컸다.(대표=김춘수) 또한 1951년 5월에 <문총마산지부(文總馬山支部)>가 결성되어 4년 동안 많은 활동을 하였다. 이 무렵 마산으로서는 초유의 전국미술전(全國美術展)을 개최했다. 또한 전국의 20여 명 시인들이 기고한 '앤솔로지'인 『낭만파(浪漫派)』를 5집이나 계속했다. 이 편집은 주로 조향(趙鄕) 김수돈(金洙敦)이 맡았다. 또한 사변(事變)으로 인하여 피난예술인(避難藝術人)이 지방문총(地方文總)과 합세하여 더욱 '피치'를 올렸다.

1955년 다시 안정된 정국에 들어서자 해체되다시피 했었던 지방문화 단체의 필요성을 주장하고 10월 30일에 마산문화협의회(馬山文化協議會)가 결정되었다. 안윤봉(安允奉) 씨가 주필하여 각 산하단체가 여기에 흡수되어 『마산문화연감(馬山文化年鑑)』을 2집이나 내고 <마산종합문화제(馬山綜合文化祭)>의 새 기틀을 마련했다. 1958년에는 문삼찬(文三贊) 씨가 회장을 이어받아 작년까지 10회에 걸쳐 계속되었다. 4·19 이후 자유당이 물러서고 경향(京鄕)의 문화단체는 한국예총(韓國藝總)으로 집결하여 마산에서도 62년 7월 7일에 그 지부를 결성하였다.(지부장 조두남) 해마다 종합문화제를 비롯한 각 단위 활동이 전개되고 있지마는 바람직한 지방문화 창달은 이루어지지 않고 있는 같다. 그 뚜렷한 이유로는 전국 각 도에 지부가 있는데 경남만이 도청 소재지 미정으로 도지부(道支部)가 결성되지 않은 까닭이라고 볼 수 있다. 마산이 해방 20년을 전후하여 지방 문화도시로서 실력으로나 끈기있게 문화운동을 전개해 온 경남 유일의 문화예술도시이고 보면 예총 경남지부(藝總 慶南支部)는 반드시 마산에 서야겠다는 것을 주장하는 바이다. 마산의 문화예술의 전망은 앞으로 얼마든지 낙관적이라고 말할 수 있으며 크게 크게 뻗어갈 것을 지난 20년을 돌이켜보아 틀림없는 사실임을 보장한다.

*『마산일보』 1965. 8. 9.

춘심초(春心抄)

밤이 몹시 짧아졌다. 벗들과 어울려 막걸리 몇 잔 권하거니 받거니 하는 동안에 어느새 자정(子正)이 되어버린다.

소동파(蘇東坡) 같은 사람도 봄밤에 이렇듯 벗들과 술 한 잔 나누는 시간이 짧은 것을 탄식하여 '춘소이각직천금(春宵二刻直千金)'이라고 했던 것인가.

파릇파릇 새 풀냄새를 맡으면서 언덕길을 걷고 아지랑이 피어오르는 뫼등 잔디밭에 앉아 복사꽃 만발한 마을을 내려다본다. 그것으로 술맛이 제대로 흥한다.

봄의 정경(情景)이다. 춘심(春心)이 다른 것에 있지 않다. 이렇듯 따뜻하고 화창하므로 전신에 느끼는 인정(人情)이 새삼스러운 그것이다. '춘(春)'자를 1년 사시절의 첫 계절이라고 사전에는 해석되어 있고 다시 술의 이명(異名)이라고 하였고 또 남녀상연지정(男女相戀之情)이라고 하였다.

봄은 새롭고 따뜻하고 인정스럽고 또한 술 마시기 좋은 때라고 요약된다.

일찍이 당(唐)나라 시인 가공도(可空圖)는 옥곤매춘(玉壼買春)이라고 썼다. 매춘(買春)은 매주(買酒)란 뜻이다. 창녀(娼女)를 매춘부라고 하는데 퍽 불만스럽다. 중국 본토는 모르나 만주(滿洲)엘 갔더니 창가(娼家)를 서원(書院)이니 서관(書館)이니 하였다. 책을 파는 서점도 아니고 글공부하는 도서관도 아니다. 우리나라의 서원은 공맹성현(孔孟聖賢)을 비롯하여 선철(先哲)의 영위(靈位)를 모시고 춘추봉사(春秋奉祀)하는 곳인데 이에 비겨 생각하면 어처구니없는 이름이다. 그러나 거기에 운치가 있지 아니한가.

술의 이명(異名) 스스로가 '춘(春)'이라고 보면 이 계절의 술맛이 어떠하랴 짐작할 수 있지 아니한가.

그러나 다시금 생가하면 술 자체의 맛으로야 햇곡(穀)이 갓 나와서 그것으로 빚은 신주(新酒)맛이 오히려 나을 것을 두말할 나위가 없다.

봄의 술맛은 오히려 그 정경 속에 있는 것이다. 이 화창한 날씨에 고리타분하게 방구석에 들어앉아 갑갑하게도 청주(淸酒) 따위를 데워서 마신다는 것부터 멋없다. 더욱이 선술집 영감이 왜식(倭式)도 양식(洋式)도 아니고 우리 식도 아닌 잡종식 안주에 부어주는 정종(正宗)이란 갈증이나 면하려는 것이지 맛으로 먹는다고는 할 수 없다. 겯하여 색주가(色酒家) 같은 데서 구린내 나는 계집아이가 체면(體面) 사정없이 술잔을 주고받고 하다못해 남의 젓가락까지 빼앗아 들고는 술상을 두드려 장단(長短)을 치노라고 아우성치는 데는 질색할 억지 노릇이 아닐 수 없다.

대개 이런 술 마시는 것은 홧김에 남을 칠 수도 없고 제 가슴 뜯을 수도 없을 때 그 분풀이로나 도피로나 망각으로나 하는 처사에 불과한 것이다.

아지랑이를 따라 허우정 언덕길을 간다. 보리밭에서 노고지리란 훌훌 날면서 반공(半空)에 솟다가 가락을 뽑고 우짖는다. 우리 벗들도 구수한 이야기를 하며 또 웃어댄다. 이렇게 언덕바지를 한참 걸으면 몸에 땀이 쪽 베이고 목이 조금 마른다. 누가 한사람 앞서 길을 잡는다. 복사꽃 피어있는 마을로 가는 것이다. 그 이유는 묻지 않는다. 모두 꼭 같은 생각이기 때문이다.

'차문주가하처재(借問酒家何處在) 목동요지행화수(牧童遙脂杏花樹)'

바로 그것이다.

만발한 꽃그늘에서 평상 따위에 앉고 또는 그 옆에 서서 한 잔씩 하는 것이다. 주고받으면서 나누는 이야기가 어떤 화제(話題)라도 좋다.

고담준론(高談峻論)이 아닐수록 좋고 고성방가(高聲放歌)가 아니어야 한다. 다만 제멋에 겨워서 된장고추 하나를 들고 또 한 잔 또 한 잔 거듭한다.

'아취욕면군차거(我醉欲眠君且去) 명조유의포금래(明朝有意抱琴來)'

봄과 술과 사람에 모두 취하면 곧 선경(仙境)이다.

* 『마산대학보』 1966. 4. 28.

김수돈 해적이

호 화인(花人)[1]

1917년(1세) 3월 21일 경남 마산시 오동동 204번지에서 아버지 김종두(金宗斗)와 어머니 황예분(黃禮分) 사이에서 3대 독자로 태어나다.

1925년(8세) 마산공립보통학교(현 성호초등학교)에 입학하다.

1926년(9세) 『동아일보』 '어린이 작품'란에 동시 「아버지 어머니」를 발표하다.

1931년(14세) 마산공립보통학교를 졸업하다. 4월 1일 일본 나고야(名古屋)중학교에 입학하다.

1936년(19세) 3월 25일 일본 나고야중학교를 졸업하다. 일본에서 귀국하다. 5월 1일 마산의 창신학교(현 창신중학교) 교원을 지내다.(1939년 3월 31일까지 3년)

1937년 마산문창교회청년회에서 이일래(李一來)와 함께 연극(성극)을 통한 계몽운동을 전개하다.

---

1 이원섭이 지어 주었음

1939년(22세) 5월 『문장』지에 시 「소연가」·「고향」이 추천(정지용)되다. 10월 『문장』지에 「동면」·「낙타」가 추천 완료되다.

1941년(24세) 1월 24일 윤계봉(尹桂鳳)과 혼인하다. 4월 1일 일본으로 건너가 니혼(日本)대학 고등사범부 수신공민과(修身公民科)에 입학하다. 8월 30일 장남 이녕(以寧)이 태어나다.

1942년(25세) 3월 5일 니혼(日本)대학을 중퇴하다. 일본에서 귀국하다. 3월 마산 의신유치원(義信幼稚園)에서 교무주임으로 근무하다. 4월 1일 경성인문중학교(현 동성중학교) 교사로 근무하다.(1946년 8월 31일까지 4년 5개월) 11월 일문시집 『밤의 축제(夜の祝祭)』(자가본)를 발간하다.

1944년(27세) 3월 19일 차남 이철(以喆)이 태어나다.

1945년(28세) <마산문화동맹>(위원장 김종신) 조직하여 문화운동을 전개하다.

1946년(29세) 6월 20일 조선청년문학가협회 <예술의 밤> 행사에 참가하다. 정지용·김달진·유치환·조연현 등과 <낭만파(浪漫派)> 동인으로 활동하다. 8월 조향·김춘수와 함께 공동시집 『날개 -해방 1주년 기념시집』(조선청년문학가협회 경남본부, 1946. 8)에 시 「창현(蒼玄) 발표하다. 9월 1일 경남여자중학교(현 경남여자고등학교) 교사로 근무하다.(1949년 8월 31일까지 3년) 부산에 거주지를 옮기다.(1946년 9월에서 1950년 8월까지 4년) 그 무렵 연극 <방랑시인 김삿갓>(송영 작), <무도의 기행>(함세덕 작)을 연출하다. 10월 25일 <삼남(三南)문학회>를 결성하다.

1947년(30세) 2월 15일 첫시집 『소연가(召燕歌)』(문예신문사)를 발간하다. 그 무렵 연극 <낙화암>(함세덕 작), <열풍>(이주홍 작), <청춘기>(이주홍 작)를 연출하다. 부산 문예신문사가 주관했던 문인극회(文人劇會)에서 연극 <민족의 태양>(염주용 작)을 연출하다.

1948년(31세) 문인극회에서 연극 <동래성 함락의 날>(염주용 작), <방랑시인 김삿갓>(송영 작), <무의도 기행>(함세덕 작), <낙화암>(함세덕 작), <견우직녀>(서항석 작), <단층>(김영수 작) 등을 연출하다. 4월 30일 3남 이한(以漢)이 태어나다.

1949년(32세) 9월 1일 동래중학교 교사로 근무하다.(1950년 8월 31일까지 1년간) 그 무렵 연극 <춘향전>(이주홍 작), <호반의 집>(이주홍 작), <탈선 춘향전>(이주홍 작)을 연출하다.

1950년(33세) 3월 보도연맹문화실과 경상남도문화실에서 공동으로 주관한 '국민예술제'에서 연극 <유격대장>(박영아 작)을 연출하다. 7월 오페레타 <호반(湖畔)의 집>(이주홍 작) 연출하다. 9월 1일 진해고등학교 교사로 근무하다.(1951년 3월 31일까지 6개월간)

1951년(34세) 4월 문총(전국문화단체총연합회) 중앙위원으로 피선되다. 문총 마산지부에서 종합예술제 개최 당시 연극 <군상>(서항석 작, 정진업 임향 복혜숙 김영옥 출연)을 연출하다. 문총 마산지부에서 낸 동인지 『낙타(駱駝)』에 참여하다. 9월 창신농업학교(현 창신고등학교) 교사(1952년 7월까지, 10개월간)로 근무하다. 그 무렵 『톨스토이』(동창출판사)와 『모파상 단편집』을 번역하여 발간하다. 10월 김춘수와 함께 릴케 시초 『동경(憧憬)』(대한문화사)을 펴내다. 영화 <삼천만의 꽃다발> 배우로 출연하다.

1952년(35세) 6월 19일 장녀 이숙(以淑)이 태어나다. 그 무렵 시집 『반추(反芻)』(?)를 발간하다.

1953년(36세) 2월 20일 두 번째 시집 『우수(憂愁)의 황제(皇帝)』(대한문화사)를 발간하다. 4월 1일 마산제일여자고등학교 교사로 근무하다.(1960년 5월 31일까지 7년간) 7월 <시조(詩潮)> 동인으로 참여하다.

1954년(37세) 4월 김수돈·박생광 시화전(문총 마산지부 주최, 비원다방)을 개최하다. 4월 <시작(詩作)> 동인으로 참여하다. 6월 청문극회(靑門劇會) 창립공연으로 연극 <구원의 곡>(이주홍 작)을 연출하다.

1955년(38세) 한국문학가협회 마산지부장으로 피선되다. 그 무렵 마산고등학교에서 연극 <마의태자>, <농부의 아들>, <조국> 등을 연출하다. 마산여자고등학교에서 연극 <낙성의 달>을 연출하다. 제일여자고등학교에서 연극 <바보 온달>, <적외선>, <구원의 곡> 등을 연출하다. 성지여자고등학교에서 연극 <집>(이광수 작)을 연출하다. 10월 마산문화협의회(회장 안윤봉) 사무국장으로 피선되다. 12월 20일 마산문화협의회 산하 '극예술연구회'(회장 김수돈)를 창립하여 기념공연 <닭의 의미>(오학영 작)를 연출하다.

1956년(39세) 1월 25일 시집『우수(憂愁)의 황제(皇帝)』(산해당)를 재발간하다. 6월『1956 마산문화연감』(마산문화협의회)의 집필과 편찬에 참여하다. 12월 '용문극회'(회장 김수돈)를 창립하다.

1957년(40세) 4월 김수돈·김정환 시화전을 개최하다.

1958년(41세) 3월 27일 4남 이석(以錫)이 태어나. 8월 21일 <출범> 동인회를 발족하여 '시정(詩情)의 밤'에「한국 현대시의 전망」을 강연하다.

1959년(42세) 김수돈·유택렬 시화전(마산 콘티넨탈 다방)을 개최하다.

1960년(43세) 6월 1일 경남대학교(전 해인대학·마산대학) 강사로 근무하다.(1966년 7월 3일까지 6년간)

1961년(44세) 3·15의거 1주년 기념예술제 예술분과위원장을 맡다.

1962년(45세) 7월 7일 예총 마산시지부 창립총회에서 부지부장으로 피선되다. 12월 22-23. 3·15기념회관 '개관축하문화제'에서 연극 <고래>(임희재 작)의 기획·무대감독을 맡다.

1963년(46세) 12월 7일 제2회 경남도문화상(문학부문)을 수상하다. 시집『중간거리(中間距離)』와『아름다운 계절(季節)』의 발간을 준비하다.(미간행 시집) 11월 10일 연극 <태양의 아들>(진풍선 작)을 연출하다.

1964년(47세) 3월 6일 문인협회 마산시지부장으로 피선되다.

1965년(48세) 5월 3-9일 김수돈·오지산 시화전(마산 신신다방)을 개최하다. 10월 3·15의거 정신을 기린다는 취지로「마산의 노래」3절을 제작하다.

1966년(49세) 3월 20일 한국문인협회 마산시지부장으로 다시 선출되다. 7월 4일 지병으로 사망하다.(마산시 완월동 27번지) 7월 7일 문인장으로 무학산 산록에 묻히다.

1967년 7월 5일 고 화인 김수돈 선생 1주기 <추모 문학의 밤>(경남대학교 학생회 주최, 한성다방)을 개최하다. 7월 5일 화인(花人) 유작전(마산미협·마산시협 협찬, 제일다방)을 개최하다.

1968년 7월 4일 2주기를 맞아 후학과 제자들이 묘소에 상석을 설치하다. 7월 9-13일 김수돈 추모 시화전(마산미협 주최, 제일다방)에서 개최하다.

1973년 4월 28일 마산 용마산 산호공원에 「우수의 황제」 시비를 세우다.

김수돈 작품 죽보기

1. 시

작품명	게재지	연도	비고
아버지 어머니	동아일보	1926. 5. 10.	동시 '어린이 작품'란
소연가(召燕歌)	문장(文章)	1939. 5.	추천시 시집『소연가』(1947. 2) 수록
고향	문장(文章)		추천시 시집『소연가』(1947. 2) 수록
석운(夕雲)	동아일보	1939. 7. 30.	시집『소연가』(1947. 2) 수록된「구름은」과 같은 작품[2]
동면(冬眠)	문장(文章)	1939. 10.	추천시 시집『소연가』(1947. 2) 수록

2　같은 제목의「석운」과는 다른 작품으로 일부러 제목을 바꾼 것으로 보인다.

작품명	게재지	연도	비고
낙타(駱駝)	문장(文章)	1939. 10.	추천시 『만세일보』(1940. 5) 게재 시집 『소연가』(1947. 2) 수록
누흔(涙痕)	밤의 축제(夜の祝祭)	1943. 11.	일문시집
온천이 있는 거리에서 (溫泉のある街にて)	밤의 축제(夜の祝祭)	1943. 11.	일문시집
음(音)	밤의 축제(夜の祝祭)	1943. 11.	일문시집
공(空)	밤의 축제(夜の祝祭)	1943. 11.	일문시집
성광부(星光賦)	밤의 축제(夜の祝祭)	1943. 11.	일문시집
어떤 마을의 유원지에서 (或町の遊園地にて)	밤의 축제(夜の祝祭)	1943. 11.	일문시집
사랑하는 사람에게(愛する人に)	밤의 축제(夜の祝祭)	1943. 11.	일문시집
나에게 신을 안으로(我に神を奧へよ)	밤의 축제(夜の祝祭)	1943. 11.	일문시집
사랑의 날개	중성(衆聲) 4집	1946.	시집 『소연가』(1947. 2) 수록
창현(蒼玄)	날개	1946. 8.	시집 『소연가』(1947. 2) 수록
완월폭포(玩月瀑布)	중성(衆聲) 5집	1946. 9.	시집 『소연가』(1947. 2) 수록 『문화마산』 1호(1956. 2) 게재
기약(期約)	노만파 3집	1947. 1.	시집 『소연가』(1947. 2) 수록
다방 <루나>에서	노만파 3집	1947. 1.	시집 『소연가』(1947. 2) 수록
수정(愁情)	소연가(시집)	1947. 2.	
구름은	소연가(시집)		
봄의 환상(幻想)	소연가(시집)		
사랑의 날개	소연가(시집)		
석운(夕雲)	소연가(시집)		

작품명	게재지	연도	비고
여수(旅愁)	소연가(시집)		『한국해양시집』(1953) 재수록 『산과 바다는 부른다』(1960) 재수록
유서(遺書)	소연가(시집)		
원효암(元曉庵)	소연가(시집)		
영남루(嶺南樓)	소연가(시집)		
옥수곡(玉水曲)	소연가(시집)		목차에는 '반암청수(盤岩淸水)'로 표기
석종(夕鐘)	소연가(시집)		
누흔(淚痕)	소연가(시집)		일문시집 {밤의 축제(夜の祝祭)}(자가본, 1943)과 다른 작품
파초(芭蕉)	소연가(시집)		최인찬 작곡(악보)
화문(花紋)	소연가(시집)		
명(銘)	소연가(시집)		
내 어린 풍속(風俗)은	소연가(시집)		
묘족(猫族)	소연가(시집)		
자책지변(自責之辯)	소연가(시집)		
김해(金海)에서	낭만파(浪漫派) 4집	1947. 9.	
구름도 고운 때를	부산일보	1950. 4. 27.	
혁명이후(革命以後)	수험생(受驗生) 2호	1952. 10.	시집 『우수의 황제』(1953. 2) 수록
창(窓)	영문(嶺文) 10집	1952. 11.	
생사무하(生死無何)	청포도(靑葡萄) 3집	1952. 12.	
Varity	시조(詩潮)	1953.	
인형(人形)의 거리	우수의 황제(시집)	1953. 2.	
상아상(象牙想)	우수의 황제(시집)		

작품명	게재지	연도	비고
반역(反逆)	우수의 황제(시집)		
노고지리와 창(窓)	우수의 황제(시집)		
우수(憂愁)의 황제(皇帝)	우수의 황제(시집)		『현대시인선집(하)』(1954) 재수록
모춘화방(暮春花房)	우수의 황제(시집)		
어떤 풍경들	우수의 황제(시집)		『한국시집(상)』(1952) 수록
춘면(春眠)	우수의 황제(시집)		『꽃잎은 향기롭고』(1965) 재수록 『꽃 피고 잎은 푸르고』(1960) 재수록
실내악(室內樂)	우수의 황제(시집)		『한국시집(상)』(1952) 수록
오월(五月)과 소녀	우수의 황제(시집)		
연가(戀歌)	우수의 황제(시집)		『한국애정명시선』(1954) 재수록
고독(孤獨)	우수의 황제(시집)		
피로증(疲勞症)	우수의 황제(시집)		
실화(失花)	우수의 황제(시집)		『한국시집(상)』(1952) 수록
상극(相剋)	우수의 황제(시집)		『중등교육』 창간호(1958) 재수록 『한글문예』 창간호(1956) 재수록
초혼(招魂)	우수의 황제(시집)		
섭리(攝理)	우수의 황제(시집)		
곡예사와 나팔(喇叭)	우수의 황제(시집)		
대화(對話)	우수의 황제(시집)		
항거(抗拒)	우수의 황제(시집)		
가을	우수의 황제(시집)		『낙엽과 눈은 쌓이고』(1960) 재수록 『나뭇잎이 지면』(1965) 재수록

작품명	게재지	연도	비고
여로(旅路)	우수의 황제(시집)		『한국시집(상)』(1952) 수록
선인장(仙人掌)	우수의 황제(시집)		
정물(靜物)	우수의 황제(시집)		
호반(湖畔)에서	우수의 황제(시집)		
참회록(懺悔錄)	우수의 황제(시집)		
비수(匕首)	우수의 황제(시집)		『현대시인선집(하)』(1954) 재수록
파이프 기담(綺譚)	우수의 황제(시집)		『사랑은 별빛처럼』(1964) 재수록
소야곡(小夜曲)처럼	우수의 황제(시집)		
풍속도(風俗圖)	우수의 황제(시집)		
숲	문예(文藝)	1954. 1.	
희고 슬픈 비여	문학세계(文學世界) 1집	1954. 2.	
오후(午後)	시작(詩作) 창간호	1954. 4.	
밀어(密語)	경남공론(慶南公論) 22호	1954. 8.	
아가(雅歌)	영문(嶺文) 12집	1954. 11.	
애가(哀歌)	문화춘추(文化春秋)	1954.	
중간거리(中間距離)	연간시집(年刊詩集)	1954	미간행 시집 표제작
겨울 옆에서	마산일보	1955. 1. 22.	
유서(遺書)	현대문학	1955. 4.	『한국문학연감』(1956) 재수록 『소연가』(1947. 2)와 다른 작품
독어(獨語)	현대문학	1955. 9.	
애인(愛人)	영문 13집	1955. 11.	
낙엽(落葉)처럼	문학예술(文學藝術) 7집	1955. 12.	

작품명	게재지	연도	비고
향기(香氣) 있는 방(房)	문학예술(文學藝術) 8집	1956. 11.	『첫사랑의 노래』(1961) 재수록 미간행 시집 표제작
비밀(秘密)의 화원(花園)	영문 14집	1956. 11.	
삼천포에 와서	경남공론 40호	1957. 1.	
아름다운 계절(季節)에	현대문학	1957. 4.	
당신의 미소(微笑)는	현대문학	1957. 9.	
고별(告別)	문필 1집	1957. 10.	
가을의 봐요링	영문 15집	1957. 11.	
슬픈 구도(構圖)의 저녁 무지개	문학예술(文學藝術) 9집	1957. 12.	『경남시단』(1958) 재수록
거리(距離)	현대문학	1958. 6.	
풍경(風景)	현대문학	1958. 11.	
성장(盛裝)하는 세월(歲月)	사상계(思想界)	1958. 11.	『시와 시론』(1959) 재수록
꽃밭에 들어서	사상계(思想界)	1958. 11.	『현대문학』(1959. 1) 게재
또 새로운 세월(歲月)이 온다	사상계(思想界)	1959. 4.	
아름다운 계절(季節)에	문화 마산	1959. 10. 5.	『현대문학』(1957. 4)과 다른 작품 미간행 시집 표제작
동한일(冬閑日)	마대문학(馬大文學) 3집	1962. 12. 30.	
단장(斷章)	마산대학보(馬山大學報)	1963. 11. 14.	
누가 와서	마산대학보(馬山大學報)	1963. 12. 21.	
채송화(菜松花)	마대문학 4집	1963. 12.	『1964년간 한국시집』(1965) 재수록
층계(層階) 위의 나비	마산대학보(馬山大學報)	1965. 3. 25.	『1966년간 한국시집』(1966) 재수록

작품명	게재지	연도	비고
채송화(菜松花)	시화(詩畫)	?	창원시립마산문학관 소장 『마대문학』 4집(1963)과 다른 작품
무하유향(無何有鄕)	마산대학보(馬山大學報)	1965. 9. 20.	
태양이 외로이 있으면서	문학시대(文學時代) 1호	1966. 3.	
춘신(春信)	시조문학(時調文學) 13집	1966. 4.	시조
너의 영혼(靈魂)과 함께	현대문학	1966. 5.	
사월연가(四月戀歌)	현대문학	1967. 9.	유고시
노을 무렵에	현대문학	1967. 9.	유고시
생명(生命)	현대문학	1967. 9.	유고시
언어(言語)	현대문학	1967. 9.	유고시
제주소견(濟州所見) 풍경 B	문협(文協) 창간호	1968.9.	유고시
한일(閑日)	문협(文協) 창간호	1968.9.	유고시 1959년도 제주 시화전 공개
성산포(城山浦)	문협(文協) 창간호	1968.9.	유고시 1959년도 제주 시화전 공개
서귀포(西歸浦)	시문학	1974. 1.	유고시 1959년도 제주 시화전 공개
삼다여(三多女)	시문학	1974. 1.	유고시 1959년도 제주 시화전 공개
해안목장(海岸牧場) 풍경 A	시문학	1974. 1.	유고시 1959년도 제주 시화전 공개
내 영혼과 함께			유고시 권도현 평론에서 언급
삼다(三多) 1일풍(風)			유고시 권도현 평론에서 언급

작품명	게재지	연도	비고
무제			유고시 권도현 평론에서 언급
정방폭포에서			유고시 권도현 평론에서 언급
한려수도			유고시 권도현 평론에서 언급
한라산 B			유고시 권도현 평론에서 언급
한림(翰林)에서			유고시 권도현 평론에서 언급
정방(正房)			유고시, 미확보 권도현 평론에서 언급
봄			유고시, 미확보 권도현 평론에서 언급
3.15탑 앞에서		1963.	
향수(鄕愁)		1963.	
선화(先花)			조병무 인용

2. 산문

작품명	게재지	연도	비고
웃음을 찾은 <구람>	가정신문	1946. 3. 25.	동화
문학방담회 : 해방 1주년	중성 5집	1946. 9.	대담 김수돈, 탁창식, 조향, 천세욱, 이봉래, 오영수 참가
『소연가』 후기	소연가	1947. 2.	시집 후기
내가 좋아하는 여성(女性)	부인신보(婦人新報)	1947. 6. 10.	
녹음단상(綠陰斷想)	부산신문	1949. 6. 2.	

작품명	게재지	연도	비고
『우수의 황제』 후기	우수의 황제	1953. 2.	시집 후기
「창(窓)」에 대하여	동경(憧憬)	1951. 10. 15.	번역시집 『동경』(1951) 후기
<구원의 곡> 연출 수기		1954. 7	『부산연극사』 일부 수록
향토문화운동관견(鄕土文化運動管見)	마산일보	1955. 9. 14.	『1956 마산문화연감』(1956) 재수록
교육계(敎育界)	1956 마산문화연감	1956. 6.	
『마산문화연감』 편집 후기	1956 마산문화연감	1956. 6.	후기
한국 현대시의 전망(展望)	시와 평론의 밤	1958. 8.	강연 원고 <출범> 동인회 발족식
8·15 경축 현상문예 심사평	마산일보	1959. 8. 20.	심사평
드리는 말씀	추창영·배기준 시화전	1959. 12.	초대의 글
대춘부(待春賦) 1	마산일보	1961. 2. 12.	'화인장산화'(1)
대춘부(待春賦) 2	마산일보	1961. 2. 14.	'화인장산화'(2)
대춘부(待春賦) 3	마산일보	1961. 2. 15.	'화인장산화'(3)
대춘부(待春賦) 4	마산일보	1961. 2. 17.	'화인장산화'(4)
대춘부(待春賦) 5	마산일보	1961. 2. 18.	'화인장산화'(5)
대춘부(待春賦) 6	마산일보	1961. 2. 19.	'화인장산화'(6)
대춘부(待春賦) 7	마산일보	1961. 2. 21.	'화인장산화'(7)
춘심초(春心抄) 1	마산일보	1961. 2. 22.	'화인장산화'(8)
춘심초(春心抄) 2	마산일보	1961. 2. 23.	'화인장산화'(9)
춘심초(春心抄) 3	마산일보	1961. 2. 24.	'화인장산화'(10)
춘심초(春心抄) 4	마산일보	1961. 2. 25.	'화인장산화'(11)
춘심초(春心抄) 5	마산일보	1961. 2. 26.	'화인장산화'(12)
춘심초(春心抄) 6	마산일보	1961. 2. 28.	'화인장산화'(13)

작품명	게재지	연도	비고
춘심초(春心抄) 7	마산일보	1961. 3. 1.	'화인장산화'(14)
춘심초(春心抄) 8	마산일보	1961. 3. 2.	'화인장산화'(15)
낙수석금(落穗昔今) 1	마산일보	1961. 3. 4.	'화인장산화'(16)
낙수석금(落穗昔今) 2	마산일보	1961. 3. 5.	'화인장산화'(17)
낙수석금(落穗昔今) 3	마산일보	1961. 3. 7.	'화인장산화'(18)
낙수석금(落穗昔今) 4	마산일보	1961. 3. 28.	'화인장산화'(19)
낙수석금(落穗昔今) 5	마산일보	1961. 3. 29.	'화인장산화'(20)
낙수석금(落穗昔今) 6	마산일보	1961. 3. 30.	'화인장산화'(21)
낙수석금(落穗昔今) 7	마산일보	1961. 3. 31.	'화인장산화'(22)
낙수석금(落穗昔今) 8	마산일보	1961. 4. 1.	'화인장산화'(23)
낙수석금(落穗昔今) 9	마산일보	1961. 4. 2.	'화인장산화'(24)
낙수석금(落穗昔今) 10	마산일보	1961. 4. 4.	'화인장산화'(25)
낙수석금(落穗昔今) 11	마산일보	1961. 4. 5.	'화인장산화'(25) -순번 중복 표기
낙수석금(落穗昔今) 12	마산일보	1961. 4. 9.	'화인장산화'(26)
낙수석금(落穗昔今) 13	마산일보	1961. 4. 11.	'화인장산화'(27)
낙수석금(落穗昔今) 14	마산일보	1961. 4. 12.	'화인장산화'(28)
젊은 기수(旗手)들의 활약	마산대학보(馬山大學報)	1961. 12. 25.	
한국서정(韓國抒情)의 전통(傳統)	마산대학보(馬山大學報)	1963.	평론 『마산대학보』에 일부 수록
문화마산(文化馬山) 20년 전을 돌아봄	마산일보	1965. 8. 9.	
동향(同鄕)의 선배 후배를 말한다	현대문학	1966. 4.	문학풍토기(2)-마산편
춘심초(春心抄)	마산대학보(馬山大學報)	1966. 4. 28.	